세계의 영어속담
World's English Proverbs

Jinn Hwang

To : _____

Message : _____
_____
_____

From: _____

Purchase date : _____

Memorable Place : _____
_____

예성출판사

머리말 • Preface

봄, 여름, 가을, 겨울!!
이 얼마나 순수하고 부드럽고 또 아름다운 말인가!
그러나 우리 인생의 삶에 있어 이것보다 더 의미 심장하고 강한 이미지를 주며 또한 영원한 것도 없을 것이다.

아득하고 먼 원시 시대, 혈거 생활 (cave dwelling)하던 조상에서부터 첨단 기술의 우주 시대에 우주선(spaceship) 밖을 유영하는 우주 비행사에 이르기까지 인류의 오래고 긴 진화(evolution)와 진보(progress)의 여정은 - 감정과 정서, 생활 방식과 양식 - 변함없이 되풀이 되고 있다.

새 천년(New Millennium)은 kiwi시대 (kiwi society)라 할 수 있겠다. 전문 지식과 기술 정보, 슬기(知慧)와 자기 표현(話術)의 능력이 더없이 요구되는 새로운 약육강식(弱肉强食/the law of the jungle)의 세상이 된다.

여기 수록된 짧고도 명쾌한 촌철살인의 경귀, 현명한 충고, 자기 성찰과 깨달음을 일상 생활에 활용하면 어느 분야에서든지 자신을 인정받고 성공할 수 있으리라 확신한다.

봄, 여름, 가을, 겨울!!
계절의 흐름과 변화속에서 우리 자신도 변화와 혁신을, 동화와 조화를 이뤄 삶의 넓이와 깊이, 높이를 더하여 가족과 이웃, 지역 사회에 헌신하기 바란다. 그리고 다양한 현대 사회에서 국내는 물론 세계 무대에서 자신의 입장과 처지를 설명하고 주장하며 상대방에게 이해와 설득으로 더욱 가까워지거나, 친구, 협력자로 만드는 자신감과 능력, 혀의 무기(weapon of tongue, speech), 말의 권위(authority of words, knowledge of proverbs)를 부단히 연마하고 구사하여 국제 사회에서 한국인의 기술과 교양의 뛰어남을 발휘하기 바란다.

Auckland, New Zealand에서

---

kiwi(s)
① 뉴질랜드 키위새(날지 못함).
② 뉴질랜드산 과일(다래의 일종).
③ knowledge, information, wisdom, intelligence and speech society.
〈지식 · 정보 · 지혜 · 지능 · 화술〉 사회.

"Father's Prayer"
by General Douglas McArthur (1880~1964)

Build me a son,
O Lord,
who will be strong enough to know
when he is weak,
and brave enough to face himself
when he is afraid,
one who will be proud and unbending
in honest defeat,
and humble and gentle
in victory.

Build me a son
whose wishes will not take the place of deeds,
a son who will know You
and that to know himself is
the foundation stone of knowledge.

Lead him,
I pray,
not in the path of ease and comfort,
but under the stress and spur
of difficulties and challenge.
Here let him learn to stand up in the storm,
here let him learn compassion
for those who fail.

Build me a son
whose heart will be clear,
whose goal will be high,
a son who will master himself
before he seeks to master other men,
one who will learn to laugh,
yet never forget how to weep,
one who will reach into the future,
yet never forget the past.

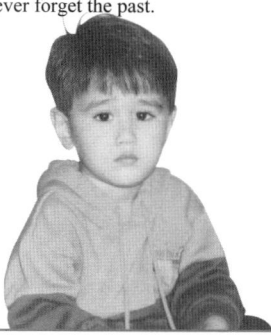

And after all these things are his
add, I pray,
enough of a sense of humor
so that he may always be serious
yet never take himself too seriously.
Give him humility
so that he may always remember
the simplicity of true greatness
the open mind of true wisdom
and the weakness of true strength.
Then I, his father
will dare to whisper
"I have not lived in vain"

아버지의 기도

D. 맥아더

주여, 내 아이를,
약해질 때 자신을 아는 강한 힘을
두려움 앞에서는 용기를
올곧음으로 인한 패배에는 긍지를 가지며
승리하였을 때 겸허하고 온유한 자로 키우게 하소서.

내 아이가 자신의 의견만을 고집하지 않고
하느님을 알고, 자신을 아는 것을
가장 보배로운 가치로 삼고 살도록 키우게 하소서.

비옵나니
내 아이를 평탄한 길로만 이끌지 마시고
고난과 역경의 삶으로도 인도하소서.
그리하여
거센 폭풍우에도 견딜 줄 알게 하시며
패배한 이에게는
사랑으로 대할 줄 알게 하소서.

맑은 마음
드높은 목적으로 살며
남을 지배하려 들기 전에
먼저 자신을 지배하며
미래를 향해 발돋움하면서도
과거를 잊지 않는 아이로 키우게 하소서.

내 아이가 이 모든 것을 이루게 된 후에도
주여, 나 당신께 청하오니
그가 풍부한 유머를 지니고
진지하게 인생을 살게 하시되 지나침이 없게 하소서.
그에게 겸손을 주시어
참된 위대함은 소박함에 있음을 알게 하시고
참된 지혜는 열린 마음에 있으며
참된 힘은 온유함임을 늘 기억하며 살게 하소서.
이렇게 된다면
먼 훗날
나는 그의 아비로서 '헛되이 살지 않았노라'고
당신께 조용히 말씀드릴 수 있을 것입니다.

Live with Enthusiasm

- General Douglas McArthur

Youth is not a time of life.
It's a state of mind. It's a temper of the will,
A quality of the imagination, a vigor of the emotions,
A predominance of courage over timidity,
And appetite for adventure over love of ease.

Nobody grows old by merely living a number of years.
People grow old only by deserting their ideals.
Years wrinkle the skin, but
To give up enthusiasm wrinkles the soul.
Worry, doubt, self-distrust, fear and despair
These bow the head and
Turn the growing spirit back to dust.

Whether 60 or 16,
There is in every being's heart
The love of wonder, the sweet amazement at the stars
And the starlike things and thoughts,
The undaunted challenge of events,
The unfailing childlike appetite for what-next,
And the joy of the game of living.

You are as young as your faith
As old as your doubt
As young as your self-confidence
As old as your fear
As young as your hope
As old as your despair.
So long as your heart receives messages of beauty
Cheer, courage, grandeur and power from the earth
From man and from the Infinite
So long are you young.

When the wires are all down, and
All the central places of your heart
Are covered with the snows of pessimism
And the ice of cynicism
Then, and only then
Are you grown old indeed
And may God have mercy on your soul.
"Live everyday of your life with enthusiasm
As though you expect to live forever."

Live with Enthusiasm

General McArthur's Credo

청춘이란 인생의 어느 한 시기(때)를 말하는 것은 아니다.
그것은 마음의 어떤 상태인 것이다. 그것은 의지의 경도(硬度)이며,
상상력의 질이며, 감정의 강도(强度)이자,
비겁한 것에 대한 용기의 승리이며,
안일을 즐기는 것에 대한 모험심의 우월인 것이다.

여러 해 동안 그저 살았다고 해서 늙는 사람은 없다.
사람이란 그들의 이상을 포기할 때 비로소 늙는 것이다.
세월은 피부에 주름살을 생기게 하지만, 그러나
열성을 저버리는 것은 마음에 주름살을 생기게 하는 것이다.
걱정, 의심, 자기불신, 공포 그리고 절망
이런 것들은 머리(고개)를 숙이게 하며,
자라나는 정신을 다시 흙으로 돌아가게 하는 방법이다.

나이가 60세이건 16세이건
모든 사람의 가슴 한구석에는
경이(驚異)에 대한 사랑, 별이나 별과 같은 사물과 사상에 대한 달콤함의 놀라움,
주위에서 일어나는 일에 겁 없는 도전이 있으며,
다음엔 무엇이 있을까 하는 무궁무진하며 동심 같은 호기심,
그리고 삶의 유희(遊戲)에 대한 희열(喜悅)이 있는 것이다.

당신은 당신의 믿음만큼 젊으며
의심만큼 늙은 것이며
자신(自信)만큼 젊고 공포만큼 늙는 것이다.
그리고 또한 희망만큼 젊고, 절망만큼 늙어 있는 것이다.
당신의 가슴이 대지(大地)로부터
인간으로부터 그리고 신(神)으로부터 미(美)와
환호(歡呼)와 용기와 장엄(莊嚴)과 그리고 힘의 메시지(전갈)를 받고 있는 한
당신은 젊은 것이다.

그 전갈의 전선(電線)이 쓰러지고
가슴 중추부(中樞部)가
비관(悲觀)의 눈과 냉소의 얼음으로 덮여 있을 때,
당신은 늙게 되는 것이며
바로 그때
신(神)의 가호(加護)를 빌어야만 한다.
일생의 하루하루를 마치 영원히 살을 수 있는 것처럼 살아라.

차 례

휴대용 세계의 영어속담

봄 Spring
- Ⅰ. 기회·평화 / 11
- Ⅱ. 인체(머리·영혼) / 16
- Ⅲ. 돈·성공·예절 / 30

여름 Summer
- Ⅰ. 별·산 / 58
- Ⅱ. 동물·곤충·식물 / 61
- Ⅲ. 사랑·우정·건강 / 82

가을 Autumn
- Ⅰ. 시간·인간(남·여) / 114
- Ⅱ. 의·식·주 / 153
- Ⅲ. 지혜·자유·욕망 / 168

겨울 Winter
- Ⅰ. 내일·직업 / 180
- Ⅱ. 신·천국 / 200
- Ⅲ. 학문·교육·여행 / 204

양념 Six Seasons
- ◆ 속담의 동의어 / 220
- ◆ 용어 풀이 / 220
- ◆ 각국의 약자 표기 / 221
- ◆ 색인 / 222

봄 Spring

I. 기회·평화

opportunity, world

① Chance and valor are blended in one. (Lat)
기회와 용기는 하나로 섞여 있다.

② Too late to grieve when the chance is past.
기회가 지나갔을 땐 슬퍼해도 소용없다.

③ Opportunity makes the thief.
기회가 도둑을 만든다.

④ Know your opportunity. (Gk)
그대의 기회를 알라.

⑤ Man's extremity is God's opportunity.
인간의 궁극(궁지)은 신(神)이 주는 기회다.

⑥ Opportunity, like eggs, comes at a time.
기회는 계란과 같이 한번에 하나씩 온다.

⑦ Strike while the iron is hot.
쇠가 달아 있을 때 두들겨라.

⑧ Take opportunity by the forelock.*
기회의 앞머리를 잡아라 ; 기회를 놓치지 말아라.

⑨ The world is much the same every where.
세상은 어느곳이나 삶의 방식(희로애락)과 변덕스러운 기후는 거의 같다 ; 염량은 처처동(炎凉處處同 : 덥고 추운 것은 세계가 비슷하다).

⑩ I am a citizen of the world. (Diogenes)
나는 세계의 시민(市民)이다.

⑪ It takes all sorts to make a world. (Sp)
세계(세상)를 만드는 데는 온갖 종류의 것이 필요하다.

* 8. Take time by the forelock - for she is bald behind. (Gk)
기회는 앞에 왔을 때 앞머리를 잡아라. 돌아서면 잡을 수 없다. 뒤가 대머리니까.

world,

① Take the world as it is, not as it ought to be. (G)
어떤 세상이 되어야 된다고 할 것이 아니라 현재 있는 그대로의 세상을 받아들여라.

② The world is a ladder for some to go up and some down.
세상은 어떤 사람은 올라가고, 어떤 사람은 내려가는 사닥다리와 같다.

③ All things in the universe flow and change.*
세상의 모든 것은 흐르고 변한다 ; 만물은 유전(流轉)한다.

④ The world is a long journey.
세상은 긴 여행과 같다.

⑤ All the world's a stage, and all the men and women merely players. (Shakes)
전 세계는 하나의 무대와 같다 ; 모든 남자와 여자는 단지 연극배우에 불과하다.

⑥ The gown is his that wears it, and the world his that enjoys it.
가운(法衣)은 입은 자의 것이고, 세상은 이를 즐기는 사람의 것이다.

⑦ Nature is the art of God. (Lat)
자연은 신(神)의 예술품이다.

⑧ Nature is a volume of which God is the author.
자연은 신(神)이 저자인 책(册)과 같다.

⑨ Nature abhors a vacuum. (Lat)
자연은 진공(眞空)을 싫어한다.

⑩ Nature's rules have no exceptions.
자연의 법칙은 예외가 없다.

⑪ Nature never did betray the heart that loved her. (Wordsworth)
자연은 결코 자연을 사랑한 사람을 배신하지 않는다.

⑫ It is hard to change nature.* (Lat)
천성(성질)을 바꾸기란 어렵다.

⑬ Live according to nature. (Lat)
천성에 따라 살아라.

* 2. The universe is in a state of flux.
  우주(만물)는 끊임없이 변화하는 상태(流動)에 있다.
* 12. Everyone follows the inclination of his own nature. (Lat)
  누구나 그 자신의 성질(천성)의 경향(성향)을 따른다.

birth, work, toil

① I wept when I was born and everyday shows why.
태어날 때 나는 울었다. 그런데 매일은 그 이유를 보여준다.

② He who is born yells ; he who dies is silent. (Russ)
태어나는 자는 소리를 지르나 죽는 자는 말이 없다.

③ Naked was I born, naked I am ; I neither lose nor gain.(Cervantes)
나는 벌거숭이로 태어나서, 지금 나는 벌거숭이다. 그러므로 나는 잃은 것도 얻은 것도 없다.

④ A work well begun is half done. (Gk)
잘 시작된 일은 반 이루어진 것이다 ; 시작이 반이다.

⑤ Every one will be judged by his works. (F)
누구나 그의 일(성취)에 의해서 판단된다.

⑥ Our best friend is ever work.* (F)
우리의 가장 좋은 친구는 언제나 일(근무)이다.

⑦ Sour work - sweet sleep. (G)
궂은(신) 일은 달콤한 잠을 준다.

⑧ Slow work produces fine.
천천히 일하는 것은 세련됨(훌륭함)을 낳는다.

⑨ There is no substitute for hard work. (Edison)
근면(열심히 일함)을 대체할 것이 없다. 근위무가지보(勤爲無價之寶)

⑩ Work has a bitter root but sweet fruit. (G)
노동(일)은 쓴 뿌리를 갖고 있지만 단 열매가 있다.

⑪ Toil is the law of life and its best fruit.*
노력(수고)은 생활의 법칙이며 생활의 최대의 결실이다.

⑫ Many hands make light work. (Lat)
많은 일손은 일을 가볍게 한다 ; 백지장도 맞들면 낫다.

　*6. Work is the substance of noble mind. (Seneca)
　　일(노동)은 숭고한 정신(인간)의 자양물(자산)이다.
　*11. Toil is the sire of fame. (Gk)
　　수고(노동)는 명성(명예)의 아버지(조상)이다.

labor, work, business

① **Labor is the law of happiness. (A. Stevens)**
노동(일)은 행복의 원리(법칙)이다.

② **Life is in labor.* (Russ)**
생활(생명)은 일(노동) 속에 있다.

③ **Labor conquers everything. (Lat)**
노력(노동)은 모든 것을 극복한다.

④ **Sweet is the memory of past labor. (Gk)**
지나간 일의 추억은 달콤하다 ; 지나간 날은 그리워지는 법.

⑤ **No sweat, no sweet.***
땀(노력) 흘리지 않으면 유쾌함(단맛)도 없다.

⑥ **All work and no play makes Jack a dull boy.**
일만 하고 놀지 않으면 Jack이 바보가 된다.

⑦ **Work while you work, play while you play.**
일할 때(열심히) 일하고 놀 때 놀아라.

⑧ **Each one to his own trade. (F)**
누구나 그 자신의 일(전문)이 있다.

⑨ **Business is the salt of life.**
일은 생활(생명)의 소금과 같다.

⑩ **Business is business.**
일(계약)은 사업(계약)이다 ; 인정이나 관용은 금물이다.

⑪ **Business before pleasure.**
쾌락에 앞서 의무를 ; 놀기전에 일부터.

⑫ **Let every man mind his own business. (Sp)**
누구나 그 자신의 일(사업)에 주의하도록 하라.

* 2. Labor is but refreshment from repose.
노동은 휴식으로부터의 원기 회복에 불과하다.

* 5. No pains, no gains.
노력(수고)없이, 성취(소득) 없다.
To labor is to pray.
일하는 것은 기도하는 것이다. (Benedictine Monks)

business, shop, trade, peace

① Everybody's business is nobody's business.
모든 사람의 일(책임)은 누구의 책임도 아니다.

② A man without smiling face must not open a shop. (Chin)
미소를 띄지 않는 사람은 가게(상점)를 열지 마라.

③ Two of a trade never agree.
동업자(한 일에 두 명의 상인)는 화합이 안된다.

④ Where there is peace, God is.
평화(平和)가 있는 곳에 신(神)이 있다.

⑤ In peace prepare for war.
평화시에 전쟁을 대비하라 ; 유비무환(有備無患).

⑥ A disarmed peace is weak.
비무장된 평화는 위험하다(약하다).

⑦ Peace is the nurse of art.
평화는 예술의 보모 ; 평화 속에 예술이 잉태된다.

⑧ Peace begins just where ambition ends.*
야심(야망)의 끝에서만 평화는 시작된다.

⑨ Peace is the fairest form of happiness.
평온이 행복의 가장 좋은 상태이다.

⑩ Peace is liberty in tranquality. (Lat)
평화(평온)는 고요속에 있는 자유(自由)이다.

⑪ When a man finds no peace within himself, it is useless to seek it else where. (F)
자신 안에서 평온을 찾지 못하는 자는 다른 어느 곳에서도 평온을 찾지 못한다.

⑫ Where there is no liberty, there is no peace and order. (Milton)
자유가 없는 곳에 평화와 질서가 없다.

*8. Better a lean peace than a fat victory.
살찐 승리보다 여윈 평화가 낫다.

봄 Spring

Ⅱ. 인체 (머리·영혼)

head, face

① Old head, young hands.*
늙은 머리, 젊은 손 ; 지혜롭게 생각하고 민첩하게 행동하라.

② Two heads are better than one.* (Gk)
두 머리가 한 머리보다 낫다 ; 어려울 땐 혼자 수행하기 보다는 조언을 구하는 것이 좋다.

③ So many heads, so many wits.
많은 머리(두뇌), 많은 재치(지혜).

④ A wise head makes a close mouth.
현명한 머리(사람)는 입을 다물게 한다 ; 현자구중(賢者口重).

⑤ A cool head and warm feet live long.
서늘한 머리와 따뜻한 발은 오래 살게 한다.

⑥ He that has a head of glass must not throw stones at another.* (It)
유리로 된 머리를 가진 사람은 다른 사람에게 돌을 던지지 마라.

⑦ Better be the head of a dog than the tail of a lion.*
사자 꼬리보다 개 머리가 낫다.

⑧ A fair face is half a fortune.*
예쁜 얼굴은 재산(財産)의 절반이다.

* 1. You can't put an old head on young shoulders.
젊은이에게 경험 많고 지혜로운 노인의 판단을 기대할 수 없다.
* 2. Many heads are better than one.
* 6. People who live in glass houses shouldn't throw stones.
단점이 있는 사람은 다른 사람의 결점을 불평하지 마라.
He that has a head of wax must not approach the fire.
밀납으로 된 머리를 가진자 불결에 가지 마라 ; 토불(土佛)이 물장난하라.
* 7. Better be the head of an ass than the tail of a horse.
말(馬)꼬리보다 당나귀 머리, 용(龍)의 꼬리보다 닭머리가 낫다.
* 8. A comely face is half a portion. 미모는 반 재산.

face

⑨ A good face needs no painting.
예쁜 얼굴은 화장이 필요없다.

⑩ A fair face may hide a foul heart.*
고운 얼굴은 더러운(추악한) 마음을 감춘다.

⑪ The face is ofttimes a true index of the heart.*
얼굴은 가끔 마음의 참된 지표(눈금)이다.

⑫ A comely face is a silent recommendation.* (Lat)
아름다운 얼굴은 말없는 추천장이다.

* 10. A fair covers a crooked mind.
  미모(흰 살결)는 비뚤어진 마음을 숨긴다.

* 11. The face is the inset of the mind.
  얼굴은 마음의 표시(삽입그림) 이다.

* 12. A good face is a letter of recommendation.
  고운 얼굴은 추천서와 같다.

face, hair, forehead, eye

① The face is the portrait of the mind ; the eyes, its informers. (Lat)
얼굴은 마음의 초상화이고, 눈은 마음의 밀고자이다.

② A man's face tells a great deal about character.
사람의 얼굴은 그의 성격(인물)에 관해 상당한 것을 말해준다.

③ Long hair, short wit.
긴 머리, 짧은 지혜.

④ White(Grey) hairs are death's blossoms.
백발(銀髮)은 죽음의 꽃이다.

⑤ The forehead is the gate of the mind.
이마는 마음의 문(門)이다.

⑥ The eye is the pearl of the face.
눈은 얼굴의 진주(眞珠)이다.

⑦ Out of eye, out of the heart.* (Yid)
눈(目) 밖에 있으면 마음(心) 밖에 있다.

⑧ The eye is bigger than the belly.*
눈(眼)은 배(腹)보다 더 크다 ; 배고픔은 쉽게 충족되어도 호기심은 끝이 없다.

⑨ An evil eye can see no good.* (Dan)
사악(邪惡)한 눈(目)은 착함(善)을 못 본다. 제 눈에 안경.

⑩ The eye is small, yet it sees the whole world. (Yid)
눈은 작지만 전세계를 본다.

⑪ One eye has more faith than two ears.* (Yid)
하나의 눈은 두 개의 귀보다 더 믿을만하다 ; 백문이불여일견(百聞不如一見).

⑫ What the eye doesn't see, the heart doesn't grieve over.*
눈으로 보지 못한 것은 마음이 슬퍼하지 않는다 ; 보이지 않는 것은 걱정도 안된다.

* 7. Far from eye, far from heart.
Out of sight, out of mind.
눈에서 멀어지면 마음에서도 멀어진다.
* 8. The stomach is easier filled than eye. (G)
* 9. All looks yellow to jaundiced eye.
황달이 있는 눈(편견)에는 모두가 노랗게 보인다. 개 눈에는 똥만 보인다.
* 11. One eye witness is better than two hearsays.
* 12. If eyes don't see, heart doesn't break.
눈에 안 보이면 마음도 안 상(傷)한다.

eye, nose, ear

1. A rolling eye, a roving heart.
   두리번거리는 눈, 방황하는 마음.

2. The light of the body is the eye.*
   눈은 몸(신체)의 등불이다.

3. The eyes serve for ears to deaf. (It)
   눈은 귀머거리에게 귀의 역할을 한다.

4. The eye that sees all things else, sees not itself.
   모든 것을 보는 눈은 그 자신을 못 본다.

5. To cry with one eye and laugh with the other.
   한 눈으로 울고 다른 한 눈으로 웃는다 ; 위선(僞善).

6. Let everyone pick his own nose. (Russ)
   제각기 자신의 코를 닦게 하라 ; 각자도생(各自圖生).

7. Who blows his nose too hard makes it bleed.
   코를 너무 심하게 풀면 코피가 난다 ; 과유불급(過猶不及).

8. He falls on his back and breaks his nose.
   등(뒤)으로 넘어졌는데 코를 다친다 ; 억세게 재수가 없다.

9. He that has a great nose thinks everybody is speaking of it.
   큰 코를 가진 사람은 모든 사람이 자기 코를 말하고 있다고 생각한다 ; 자격지심(自激之心).

10. The wise man has long ears and a short tongue.*
    현인(賢人)은 긴 귀와 짧은 혀를 갖고 있다.

11. Ears are eyes to the blind. (Gk)
    귀는 장님에게 눈이다(눈 역할을 한다).

12. In at one ear and out at the other. (Lat)
    한 귀로 듣고 다른 한 귀로 흘린다.: 마이동풍(馬耳東風). 우이독경(牛耳讀經)

* 2. The eye is the pearl of the face.
  눈은 얼굴의 진주.

* 10. The wise man has wide ears and a short tongue.
  많이 듣고 적게 말하라.

ear, mouth, tongue

① Walls have ears.*
  벽에도 귀가 있다.

② Let your ears hear what your mouth says. (Yid)
  당신이 말하는 것을 귀로 듣도록 하라.

③ Mouth shut and eyes open.* (It)
  입을 다물고 눈을 크게 떠라.

④ Two eyes, two ears, and only one mouth. (G)
  두 눈, 두 귀, 다만 한 입 ; 입을 닫고 눈을 떠라. 남의 이야기를 들어 경험, 견문을 넓혀라.

⑤ Mouth and heart are wide apart. (G)
  입과 마음은 멀리 떨어져 있다 ; 말과 감정에는 거리가 있다.

⑥ Keep not two tongues in one mouth. (Dan)
  한 입에 두 혀를 갖지 마라 ; 일구이언(一口二言)하지 마라.

⑦ A good tongue is a good weapon.*
  훌륭한 혀(舌)는 좋은 무기이다.

⑧ A honey tongue, a heart of gall.
  꿀같은 달콤한 혀(말), 쓸개즙(bile)같은 마음(심보).

⑨ The greatest of man's treasures is the tongue. (Gk)
  사람의 가장 큰 보배(寶貝)는 혀이다.

⑩ A long tongue betokens a short hand.* (Sp)
  긴 혀는 짧은 손을 나타낸다 ; 말이 많으면 실천력이 없다.

⑪ A still tongue makes a wise head.
  조용한 혀는 현명한 머리(사람)가 되게 한다 ; 지나치게 많이 이야기 하면 다른 사람에게서 지혜를 얻을 수 없다.

⑫ Let not your tongue outrun your thought. (G)
  혀가 당신의 생각(계획)을 앞지르지 않도록 하라.

* 1. Even woods have ears. Even a boot has ears.
  낮말은 새가 듣고 밤말은 쥐가 듣는다.
* 3. Keep your mouth shut and your eyes open.
* 7. The tongue is a sharper weapon than the sword. (Gk)
  The tongue wounds more than a lance.
  혀가 창보다 더 상처를 낸다 ; 입(舌)은 화(禍)의 문.
* 10. Long tongue, short hand.
  말이 많으면 실천이 적다.

tooth, beard, body, back, skin, blood, bone

① The teeth form a barrier to check wanton words.
치아는 멋대로의(방종한) 말을 억제하는 울타리를 이룬다.

② The toothache is more ease than to deal with ill people.
치통(齒痛)은 나쁜 사람과 교제하는 것보다 더 낫다.

③ It is not the beard that makes the philosopher.* (It)
철학자가 되게 하는 것은 수염이 아니다.

④ A strong body makes a mind strong.*
튼튼한 육체는 정신을 강(强)하게 만든다.

⑤ A little body often harbors a great soul.
작은 체구의 사람이 종종 위대한 정신을 지닌다. 작은고추가 맵다.

⑥ Scratch my back and I'll scratch yours.*
나의 등을 긁어라, 그러면 너의 등을 긁어주마 ; 가는 정 오는 정.

⑦ His back is broad enough to bear blame.
그의 등은 비난(책임)을 질만큼 넓다 ; 책임을 맡은 강력한 사람이다.

⑧ A fair is a skin's deep.(Russ)
미인(美人)은 피부 한꺼풀 차이다.

⑨ Blood is thicker than water.
피는 물보다 진하다 ; 핏줄은 속일 수 없다.

⑩ Blood does not wash blood away.*(Russ)
피로써 피를 씻지 못한다.

⑪ Broken bones well set become stronger.
부러져 잘 맞추어진 뼈는 더 강해진다.

⑫ The nearer the bone, the sweeter the meat.
뼈에 가까울수록 고기는 더 맛이 있다.

* 3. It's not white hair that engenders wisdom. (Gk)
세월(백발)이 슬기(지혜)롭게 하지 않는다.
* 4. Sound body, sound soul.
* 6. Scratch my breech and I'll claw your elbow.
나의 볼기를 긁어라, 그러면 너의 팔꿈치를 긁어주마.
* 10. Blood will have blood.
피는 피를 부른다 ; 피는 피를 요구하고, 죽음은 죽음을 요구한다.
Eye for eye, tooth for tooth.
눈에는 눈, 이에는 이(齒)

belly, brain, heart

① The belly teaches all arts.
배(생계)가 모든 예술(기술)을 가르친다.

② An empty belly hears nobody.*
공복(空腹)엔 누구의 말도 들리지 않는다.

③ A full belly is the mother of all evil.
가득찬 배(滿腹)는 모든 죄악(罪惡)의 어머니이다 ; 포난사음욕(飽暖思淫慾).
기한발도심(飢寒發道心).

④ When the belly is full, the mind is amongst the maids.
배가 부를 때 마음은 하녀들 속에 있다.

⑤ An empty brain is the devil's shop.* (F)
텅빈 머리(두뇌)는 악마의 작업장(일터)이다.

⑥ Hearts alone buy heart.
애정(愛情)만이 애정을 얻을 수 있다.

⑦ Every heart has its own ache.*
모든 사람은 그 자신의 고통을 갖고 있다.

⑧ A wounded heart is hard to cure. (Goethe)
상처입은 마음은 고치기가 어렵다.

⑨ A good heart breaks bad fortune.* (Sp)
착한 마음은 불행(불운)을 극복한다.

⑩ A good heart can not lie.
착한 마음은 거짓말을 할 수 없다.

⑪ The heart is the hidden treasure of man. (Heb)
마음은 인간의 숨겨져 있는 보물이다.

⑫ The joy of the heart colors the face.*
마음의 기쁨은 얼굴을 붉게 물들게 한다(밝게 한다).

* 2. Hungry bellies have no ears.
    굶주린 배는 귀가 없다.
* 5. An idle brain is the devil's workshop.
    게으른 자는 악마의 하수인이다.
* 7. As rust eats iron, so care eats the heart.
    녹이 쇠를 부식시키듯이 걱정은 마음을 좀먹는다.
* 9. A good heart conquers ill fortune.
* 12. If the heart is gay, the foot will be light.
    마음이 즐거우면 발걸음이 가볍다.

heart

① Humble hearts have humble desires.
겸손한 마음은 검소한(소박한) 소망을 가지고 있다.

② A happy heart is better than a full purse. (It)
행복한 마음은 돈으로 가득찬 지갑보다 더 낫다.

③ Cold hand, warm heart. (G)
차가운 손, 따뜻한 마음(심장).

④ Kind hearts are soonest wronged.
친절한 마음은 가장 빠르게 나쁜 짓을 한다.

⑤ Nothing is impossible to a willing heart(mind).*
어떤것도 자발적인 마음에는 불가능 하지 않다 ; 하려고 하면 못할 것이 없다.

⑥ What the heart thinks the tongue speaks.
마음이 생각한 것을 혀는 말한다.

⑦ Where hearts are true, few words will do.
마음이 진실인 곳에는 말이 필요없다.

⑧ Faint heart never wins fair lady(castle).
용기 없는 사람(겁쟁이)은 결코 미인(城)을 얻지 못한다.

⑨ When there is room in the heart, there is room in the house. (Dan)
마음의 여유가 있을 때 집안에도 여유가 있다.

⑩ Where there is least heart, there is most tongue. (It)
애정이 없는 곳에는 말만이 있다.

⑪ A generous heart repairs a slanderous tongue. (Homer)
너그러운 마음은 중상하는 혀(독설)를 고친다.

⑫ It is not wood nor stone but hearts that make a home.*
가정을 이루는 것은 나무나 돌이 아니라 마음(애정)이다.

* 5. A willing mind makes a light foot.
　　자발적인 마음은 일손을 가볍게 한다.

* 12. Without heart, there is no home.
　　애정이 없는 곳, 가정도 없다.

hand,

① Good hand, good hire.
훌륭한 손(일꾼), 좋은 급료(보수).

② Many hands make light work.
많은 손(조력)은 일을 가볍게 한다 ; 백지장도 맞들면 낫다.

③ An iron hand in a velvet glove.
벨벳(세모) 장갑을 낀 무쇠 주먹.: 이중 인격자. 외유내강(外柔內剛)

④ Hard to catch birds with an empty hand.
빈(맨) 손으로 새를 잡기는 어렵다.

⑤ The hand that gives gathers.
남에게 줄줄 아는 사람이 받을 줄도 안다 ; 주는 손이 모은다.

⑥ The hand that rocks the cradle rules the world.
요람을 흔드는 손이 세계를 지배한다 ; 어머니의 영향력은 지대하다.

⑦ Let not your right hand know what the left is doing. (O. Test)
왼손이 하고 있는 것을 오른손이 알지 못하게 하라.

⑧ No one cuts the hand that gives. (Turk)
아무도 주는 손을 자르지 않는다.

⑨ Kiss the hand which you can't bite.* (Arab)
깨물 수 없는 손에는 키스하라.

⑩ The same hand that makes the sign of the cross, sharpens the knife. (Russ)
십자가의 성호를 그은 손이 칼을 간다.

⑪ He that handles thorns shall prick his fingers.
가시를 만지는 사람은 그의 손가락이 찔리기 마련이다.

⑫ Put your hand quickly to your hat and slowly to your purse.
그대의 손을 모자엔 빠르게, 지갑에는 천천히 놓아라 ; 인사는 빠르게, 계산은 천천히.

*9. One pair of heels is often worth two pairs of hands.
한 쌍의 발(뒤꿈치)은 종종 두 쌍의 손보다 낫다 ; 승산이 없을 땐 저항해 싸우기 보다 달아나는 것이 낫다.

finger, foot, legs, stomach, kiss, wink

1. They are finger and thumb.
   그들은 손가락과 엄지손가락 사이다 ; 가까운 사이.

2. One foot is better than two crutches.
   한 다리는 두 의족(목발)보다 낫다 ; 비록 보잘 것 없지만 가진 것을 인정하는 것이 더 나쁜 것을 모함하는 것보다 낫다.

3. Never tell your enemy that your foot aches.
   발이 아픈 것을 적에게 말하지 마라 ; 자신의 약점(단점)을 말하지 말라.

4. Stretch your legs according to your coverlet.
   너의 홑이불(침대 덮개)에 맞게 다리를 뻗쳐라.

5. The stomach rules the head. (G)
   위는 머리를 지배한다.

6. The stomach is easier filled than eye.* (G)
   위(밥통)는 눈보다 더 쉽게 충족된다.

7. Kissing goes by favor.*
   키스는 호의(好意)에서 온다.

8. After kissing comes more kindness.
   키스 후에 더 많은 친절이 온다.

9. A kiss for the child is good as a kiss for its mother. (Yid)
   아이에 대한 뽀뽀는 그의 어머니에 대한 키스와 같다.

10. A kiss of the mouth often touches not the heart.
    입술의 키스는 마음을 감동시키지 못한다.

11. Stolen kisses are sweetest.
    훔친 키스가 더 달콤하다.

12. There's a time to wink as well as to see.
    바라볼 때와 윙크할 때가 있다 ; 감시할 때와 용서할 때가 있다.

* 6. Better fill a man's belly than his eye.
  The eye is bigger than the belly. 욕심은 식욕보다 더 크다.
* 7. A wink is as good as a nod.
  윙크는 승낙과 같다.

breath, cry, tears

① The first breath is the beginning of death.
최초의 호흡(숨쉼)은 죽음의 시작이다.

② Don't cry before you're hurt.
다치기 전에 울지 마라 ; 부상(손해)을 예상하지 마라, 안 일어날 수도 있다.

③ Tears are the noble language of the eye.
눈물은 눈의 고상한 언어이다.

④ Tears are the silent language of grief. (F)
눈물은 슬픔의 말없는 말(언어)이다.

⑤ A woman's tears are silent orators.
여성의 눈물은 소리없는 웅변이다.

⑥ A small tears relieves a great sorrow.
작은 눈물이 큰 슬픔을 경감한다.

⑦ Tears soothe suffering eyes. (G)
눈물은 고통받는(아픈) 눈을 위무(진정)시킨다.

⑧ Repentant tears wash out the stain of guilt. (Lat)
회개(참회)의 눈물은 죄의 얼룩(오점)을 씻어낸다.

⑨ Beauty's tears are lovelier than her smiles.
미인의 눈물은 그녀의 미소(웃음)보다 더 아름답다.

⑩ A woman's tears and a dog's limping are not real.
여인의 눈물과 개의 절름거림은 진짜가 아니다.

⑪ Tears of the night equal the smiles of the day. (F)
밤의 눈물은 낮의 웃음과 같다 ; 반성은 좋은 출발을 기약한다.

⑫ In tears was I born, and after tears I die.* (Gk)
울면서 태어났다가 눈물을 흘린 후 나는 죽는다.

* 12. He who is born yells ; he who dies is silent.(Russ).

tears, advice

① The busy have no time for tears.
바쁜 사람은 눈물을 흘릴 시간이 없다.

② Nothing dries sooner than a tear. (Lat)
눈물만큼 빨리 마르는 것도 없다.

③ In youth, one has tears without grief ; in age, grief without tears. (F)
젊은 시절엔 사람은 슬픔(비애)없는 눈물을 흘리지만, 노년에는 눈물이 없는 슬픔을 갖는다.

④ A good advice is as good as an eye in the hand. (F)
좋은 충고는 손에 있는 눈만큼 유용하다.

⑤ Nobody can give you wiser advice than yourself.* (Cicero)
아무도 자기 자신보다 더 현명한 조언을 못한다.

⑥ Nothing is given so freely as advice.* (F)
충고만큼 아낌없이 주는 것도 없다.

⑦ Advice after mischief is like medicine after death. (Dan)
과실 뒤의 조언(충고)은 죽은 뒤의 약(치료)과 같다 ; 사후약방문(死後藥方文).

⑧ When error is committed, good advice comes too late. (Chin)
과실을 범할 때 좋은 충고는 너무 늦게 온다.

⑨ Advice is seldom welcome.*
충고는 거의 환영받지 못한다.

⑩ Advice is something the wise don't need and fools won't take.
충고는 현인에겐 필요치 않고 바보들은 따르지 않는 어떤 것이다.

⑪ Whatever advice you give, be brief.*
어떤 충고를 주든지 간단(명료)하게 하라.

⑫ Advice with your pillow.
베개와 같이 의논하라 ; 하룻밤 곰곰히 생각해 보라.

* 5. No advice like a father's.
  아버지의 충고같은 충고도 없다.
* 6. Give neither counsel nor salt till you are asked for it.
  (=Nothing is so freely given as advice.)
* 9. Advice when most needed is least heeded.
  충고는 가장 필요할 때 가장 적게 들린다.
* 11. Short sede, good rede.
  짧은 회의, 좋은 조언. (sederunt 회의, (종교적)집회.)

advice, mind

1. If you seek advice, ask an old man.
   충고는 나이 많은 이에게 구하라 ; 경험 많은 사람이 더 지혜롭다.

2. The mind is the man. (Lat)
   정신(마음)이 곧 그 사람이다.

3. Our mind is god.
   우리의 마음(정신)이 신(神)이다.

4. Mind moves matter. (Lat)
   마음(정신)은 사물을 움직인다 ; 정신력은 사물을 감응시킨다.

5. Bad mind, bad heart. (Lat)
   나쁜 마음, 나쁜 심장(심보).

6. A feeble body enfeebles the mind. (F)
   연약한 육체는 정신을 약화시킨다.

7. A noble mind is free to all men. (Lat)
   고상한 마음은 모든 사람에게 자유롭다.

8. A sound mind in a sound body. (Lat)
   건전한 육체에 건전한 정신. (Mens sana is corpore sano.)

9. Light minds are pleased with trifles.* (Lat)
   즐거워하는(걱정이 없는) 마음은 사소한 일에도 기뻐한다.

10. Pain of the mind is worse than pain of body. (Lat)
    마음의 고통은 육체의 고통보다 더 나쁘다.

11. An undisturbed mind is the best slave for affliction. (Lat)
    고생없이 자란 사람이 가장 고통받기 쉽다.

12. A contented mind is a perpetual feast.
    마음으로부터 만족하면 오래도록 행복하다.

* 9. Little things please little minds.
   소심한 자(아이)는 작은 일에도 행복을 느낀다.

mind, spirit, soul, counsel

① Great minds think alike.*
위대한 사람들의 생각은 비슷하다 ; 현명한 사람은 같은 결론에 이른다.

② Out of sight, out of mind.
눈에서 멀어지면 마음에서도 멀어진다.

③ The spirit illuminates everything. (Chin)
정신은 모든 것(만물)을 비춘다.

④ The spirit is willing, but the flesh is weak.
의지는 강하지만 몸은 약하다 ; 아무리 많은 것을 하려고 해도 능력이 없으면 못한다.

⑤ There is nothing the body suffers that the soul may not profit by.
정신은 육체적 고통을 받으면 반드시 교훈을 얻는다 ; 아픈만큼 성숙한다.

⑥ Open confession is good for the soul.
솔직한 고백은 마음에 이롭다.

⑦ All happiness is in the mind.
행복은 다 마음에 달렸다.

⑧ A wise man changes his mind sometimes, a fool never.
현자는 때로는 생각을 바꾸나 우자는 결코 바꾸지 않는다(고집한다).

⑨ The eye is blind if the mind is absent.*
마음이 없으면 눈에 보이지 않는다.

⑩ Deliberate in counsel, prompt in action.
생각은 신중히 하고, 행동은 신속히 하라.

⑪ A fault confessed is half redressed.*
고백된 죄(잘못)는 반 교정(구제)된 것이다.

⑫ Good counsel never comes amiss.
좋은 충고(조언, 상의)는 언제나 환영받는다.

* 1. Great minds run in the same channel.
  위대한 정신(혼)은 동서고금 비슷하게 표현된다.
* 9. The eyes are blind when the mind is elsewhere.
* 11. A fault confessed is half forgiven.
  죄를 고백하면 이미 반은 용서 받았다.

봄 Spring

Ⅲ. 돈·성공·예절

silver, pearl, gold

① No silver without his dross.
쇠똥(불순물) 없는 은(銀)이 없다.

② Neither cast your pearls before swine. (N. Test)
돼지에게 진주(眞珠)를 던지지 마라. 가치를 모르는 자에게 귀한 것 주지마라.

③ Pearls are your neck, stones on your heart. (Yid)
진주는 당신의 목에 있고, 돌은 당신의 마음속에 있다.

④ Gold is a good doctor.
황금은 좋은 의사이다.

⑤ Gold shines in the mud. (Yid)
황금은 진흙속에서도 빛난다.

⑥ The purest gold is the most ductile.
가장 순수한 황금이 가장 낙신낙신(유순)하다.

⑦ All is not gold that glitters.*
반짝이는 모든 것이 금은 아니다.

⑧ Man prates, but gold speaks. (It)
사람은 재잘거리나 황금은 말한다.

⑨ When gold speaks, every tongue is silent.* (It)
황금이 말할 때 모든 혀는 침묵한다.

⑩ Gold is the devil's fish hook.
황금은 악마의 낚싯바늘이다.

⑪ Golddust blinds all eyes.
황금가루(砂金)는 모든 눈을 멀게 한다 ; 황금은 이성을 흐리게 한다.

⑫ Gold opens all locks.*
황금은 모든 자물통을 연다.

* 7. All that glitters is not gold. 처음 보기에 매력적인 것도 나중에 보면 가치 없는 것이 많다.
* 9. The tongue has no force when gold speaks.
* 12. If money goes before, all ways lie open. 만약 돈이 앞에 가면, 모든 길이 열려 있다.

gold, diamond, money

① Gold makes an honest man an ill man.*
황금은 정직한 사람을 나쁜 사람으로 만든다.

② Gold goes in at any gate except heavens.
황금은 하늘(天國) 이외 어떤 문(門)에도 들어간다.

③ Gold is an unseen tyrant. (Gk)
황금은 보이지 않는 군주(폭군)이다.

④ Man must govern, not serve gold. (G)
사람이 황금을 지배해야지 받들어서는 안된다.

⑤ Gold when present, causes fear ; when absent, grief.*
금은 있을 때 두려움을 일으키고, 없을 땐 슬픔을 자아낸다.

⑥ As the touchstone tries gold, so gold tries men. (Gk)
시금석은 금을 시험하고, 금은 사람을 시험한다.

⑦ Diamond cuts diamond.
다이아몬드는 다이아몬드로 자른다 ; 강자는 강자끼리 대결해야 한다.

⑧ Better a diamond with a flaw than a pebble without. (Chin)
흠 없는 자갈보다 흠(결점) 있는 다이아몬드가 낫다.

⑨ Trade is the mother of money.
무역(장사)은 돈의 어머니다.

⑩ Money draws money.* (Yid)
돈은 돈을 끌어 낸다(낳는다).

⑪ Money is money's brother. (It)
돈은 돈의 형제이다.

⑫ Money is round, and rolls away.* (It)
돈은 둥글다. 그래서 굴러 다닌다 ; 돈은 돌고 돈다.

*1. Gold begets in brethren hate ; gold in families debate ; gold does friendship separate ; gold does civil wars create.
황금은 형제 사이에 증오를, 가족에는 분쟁을 가져오고, 우정을 해치고, 내란을 일으킨다.

*5. When we have gold we are in fear, when we have none we are in danger. To have money is a fear, not to have it is a grief.
돈이 있으면 도둑걱정을, 돈이 없으면 끼니걱정을 한다.

*10. Money begets money. (Adam Smith)
Gold that's put to use begets more gold.
활용되는 금은 더 많은 금을 낳는다.

*12. Money goes round in the world through everybody's hand.
돈은 모든 사람의 손을 통해서 전세계를 돌아다닌다.

money

① Money borrowed is soon sorrowed.*
빌린 돈은 곧 한탄하게 한다 ; (빌린 돈) 쉽게 얻은 돈은 쉽게 쓴다.

② A full purse makes a mouth speak.*
가득찬 지갑은 입을 말하게 한다.

③ A heavy purse makes a light heart.
무거운 지갑은 가벼운 마음이 되게 한다 ; 충분한 돈은 행복할 여유를 준다.

④ A light purse makes a heavy heart.
가벼운 지갑은 마음을 무겁게 한다.

⑤ Money cures melancholy.*
돈은 우울을 치료한다.

⑥ Money makes a man laugh.*
돈은 사람을 웃게 만든다 ; 돈이면 귀신도 부린다.

⑦ Money rules the world.*
돈은 세계를 지배한다.

⑧ Much coin, much care.
돈(재산)이 많으면 걱정도 많다.

⑨ Manners and money make the gentleman.*
예의범절과 돈은 신사를 만든다.

⑩ Money answers all things.*
돈은 모든 것을 해결한다.

⑪ Mention money, and the world is silent. (G)
돈에 대해 말하라, 그러면 세상 사람들이 모두 잠잠하리라.

⑫ Money, the only power that all mankind falls down before.*
돈은 모든 사람들이 그 앞에 엎드리게 하는 유일한 힘이다.

* 1. To repay borrowed money is the best way to use money.
  빚 갚는 돈이 가장 잘 쓰는 돈이다.
* 2. Money speaks. Money is the word.
* 5. Ready money is a ready remedy. 현금(맞돈)은 즉석 치료이다.
* 6. Money makes the mare go (horses run). 돈이면 암말도 가게 한다.
* 7. All things are obedient to money. 모든 것은 돈에 굴복(순종)한다.
  Money makes mastery. 돈이 지배력을 만든다.
* 9. Money makes the man. (Gk) 돈이 사람을 만든다 ; 돈이 사람구실을 하게 한다.
* 10. Money talks. (F) 돈이 말한다.
* 12. If money goes before, all ways lie open.
  Gold opens all locks.

money, purse

① There is no companion like money.
돈과 같은 친구도 없다.

② Money has wings.* (F)
돈에는 날개가 있다.

③ Money is the soul of business.* (G)
돈은 사업의 요체(핵심)이다.

④ Money is both blood and life to men.* (Lat)
돈은 인간에게 피와 생명이다.

⑤ He that wants money wants everything.*
돈을 원하는 사람은 모든 것을 원(필요)한다.

⑥ A man without money is a bow without an arrow. (Thomas Fuller)
돈이 없는 사람은 화살이 없는 활과 같다.

⑦ Money is the best bait with which to fish for man.
돈은 사람을 낚는 가장 좋은 낚싯밥이다.

⑧ He that has a full purse never wants a friend.
가득찬 지갑을 가진 사람은 결코 친구를 원치 않는다.

⑨ The money paid, the work delayed. (Sp)
돈이 지불되면 일은 지연된다.

⑩ Money is oft lost for want of money.
돈은 종종 돈의 부족으로 잃는다.

⑪ You must spend money, if you wish to make money. (Lat)
만약 돈을 벌기를 원한다면 돈을 써야 한다.

⑫ If money be not thy servant, it will be thy master.* (It)
만약 돈이 당신의 하인이 아니면 그대의 주인일 것이다.

* 2. Riches have wings.
* 3. Money is the sinews of affairs.
  돈은 모든 일의 원동력이다.
  Money is the sinew of love as well as war. (T. Fuller)
* 4. The best foundation in the world is money. (Cervantes)
  세상에 가장 좋은 토대(기초)는 돈이다.
* 5. Lack of money is the root of all evil.
  돈의 부족이 모든 범죄의 근원(뿌리)이다.
* 12. Money is a good servant, but a bad master. (F. Bacon)
  돈은 좋은 하인이지만 나쁜 주인이다 ; 돈을 신(神)으로 받들지 말고 그것을 잘 쓰라.

money

1. Lend your money and lose your friend.
   돈을 빌려주어라, 그러면 친구를 잃을 것이다.

2. Lend not your money to a great man. (F)
   위인에게 당신의 돈을 빌려주지 마라.

3. Ready money can put anything in stock.* (Chin)
   현금은 모든 것을 저장할 수 있다.

4. The love of money is the mother-city of all evils.* (Diogenes)
   돈의 애착이 모든 악의 근원이다.

5. Bad money drives out good money. (Gresham's law)
   악화(惡貨)는 양화(良貨)를 몰아낸다(구축한다).

6. Would you know what money is? Go borrow some.*
   돈이란 무엇인지 알고 싶은가? 그러면 얼마를 빌려보라.

7. There is no fortress so strong that money cannot take it. (Cicero)
   돈이 공략할 수 없을 만큼 강한 요새는 없다.

8. He who has no money in his purse, should have honey on his tongue. (F)
   지갑에 돈이 없는 사람은 그의 혀에 꿀을 갖고 있어야 한다.

9. God send you more wit and me more money.
   신(神)은 그대에게는 지혜를, 나에게는 돈을 주었다.

10. The love of money and the love of learning seldom meet.
    돈의 사랑과 학문의 사랑은 결코 일치하지 않는다.

11. An empty purse makes a bashful merchant. (Scott)
    빈 지갑은 상인을 수줍게 만든다.

12. He that has money may choose a husband for his daughter. (Sp)
    돈을 가진 자는 자기 딸을 위해 남편(사위)도 고를 수 있다.

*3. Ready money is Aladdin's lamp. (G. Gordon)
   현금은 알라딘의 등잔과 같다.
   Money is the symbol of nearly everything that is necessary for man's well-being and happiness... money means freedom, independence, liberty. (E. Beals)

*4. The love of money is the root of all evil. (N. Test)
   돈을 사랑하는 것이 모든 악(惡)의 뿌리(근원)이다 ; 세상의 모든 악은 욕심에서 생긴다.
   Money is power, freedom, a cushion, the root of all evil, the sum of blessing. (C. Sandburg) 돈은 권력, 자유, 안락한 방식, 모든 악의 뿌리이며 행복(축복)의 총체(핵심)이다.

*6. If you know the value of a ducat, try to borrow one. (B. Franklin)
   (ducat(다카트) 중세기 유럽의 금화.)

money, penny, pound

① It is easier to make money than to keep it. (Yid)
돈을 간수(저축)하는 것이 돈을 벌기보다 더 어렵다.

② A fool and his money are soon parted.
바보와 그의 돈은 쉽게 결별한다.

③ He that gets money before he gets wit, will be but a short while master of it. (T. Fuller)
지혜를 얻기전에 돈을 얻는 자는 다만 잠시동안 돈의 주인일 뿐이다.

④ A fool may make money, but it needs a wise man to spend it.
바보도 돈을 벌 수 있으나 그 돈을 쓰는 데는 현명한 사람을 필요로 한다.

⑤ He that serves God for money will serve the devil for better wages.
돈을 위해 신(神)을 모시는 사람은 좀 더 나은 보수를 위해서 악마에게 봉사할 것이다.

⑥ A penny saved is a penny gained.*
한푼을 절약하면 한푼을 번다.

⑦ Penny wise and pound foolish.
푼돈에 현명하면 목돈에 어리석다.

⑧ What is not wanted is dear at a penny.
필요치 않는 것에는 한푼도 비싸다.

⑨ A penny at a pinch is worth a pound.
절박할 때 한푼은 한 파운드의 가치가 있다.

⑩ No prayer, no penny.*
기도(주문)가 없으면 돈(보수)도 없다.

⑪ A penny in pocket is better than a ducat in the chest. (G)
주머니 속의 잔돈은 금고 속의 금전보다 낫다.

⑫ Take care of the pence, and the pounds will take care of themselves.*
푼돈을 소중히 하면 큰 돈은 저절로 모인다.

* 6. A penny saved is twice got.
  저축된 한푼은 두 번 버는 셈이다.
* 10. No work, no pay.
* 12. Saving is getting. (It) (pence = pennies)
  저축하는 것이 얻는 것이다.
  Take care of the pence and the pounds will look after themselves.

penny, success

① **In for a penny, in for a pound.**
한푼(잔돈)을 위한 것은 한 파운드(목돈)를 위한 것이다 ; 어떤 것에 참가 했으면 그것을 위해 최선을 다하라.

② **Who heeds not a penny shall never have any.***
작은 돈을 주의하지 않으면 한푼도 갖지 못한다 ; 한푼을 비웃는 자 한푼에 운다.

③ **The unrighteous penny corrupts the righteous pound.**
부당한 한푼은 올바른 큰 돈을 타락시킨다.

④ **Success makes a fool seem wise.**
성공은 바보도 현명하게 보이게 한다.

⑤ **Success has many friends. (Gk)**
성공하면 친구가 많다.

⑥ **Success alters our manners.***
성공은 우리의 예절(습관)을 바꾼다.

⑦ **The many fail, the one succeeds.**
많은 사람이 실패하고, 소수의 사람이 성공한다.

⑧ **Nothing succeeds like success. (F)**
어떤 것도 성공(成功)과 같이 성공할 수 없다 ; 일단 성공하면 더 큰 성공을 위한 자신감을 얻는다. 하나가 잘되면 만사가 잘된다.

⑨ **Everything is subservient to success. (F)**
무엇이든지 성공에 도움(보조)이 된다.

⑩ **Success leads to insolence.* (Lat)**
성공하면 오만(거만)하게 된다.

⑪ **Success is the gift of heaven. (Gk)**
성공은 하늘의 선물이다.

⑫ **Success is due less to ability than to effort.**
성공(成功)은 능력보다 노력(努力)에 달렸다.

* 2. He that will not stoop for a pin shall never be worth a pound.
한 개의 핀을 줍지 않는 자 한 파운드를 못 갖는다 ; 작은 이득을 경시하면 부자가 될 수 없다.
Who will not keep a penny never shall have many.
한푼을 절약하지 않는 자는 부자가 되지 못한다.
* 6. Honors change manners.
* 10. Success is the child of audacity. (Disraeli) 성공은 대담(과감)의 자녀다.
Loneliness is the price of success. 고독(외로움)은 성공의 대가(희생)이다.
Success is as ice cold and lonely as the North Pole.
성공은 얼음처럼 차고 북극처럼 외롭다 ; 어리석은 대중과 거리를 두어 거만하게 보인다.

success, fame, name

① Success makes some crimes honorable. (Seneca)
성공은 약간의 범죄도 명예롭게 한다.

② Success is never blamed. (T. Fuller)
성공은 결코 비난받지 않는다.

③ To know how to wait is the great secret of success. (F)
기다릴줄 아는 것은 성공의 큰 비결이다.

④ Back of every achievement is a proud wife and a surprised mother-in-law.
모든 성공의 배경에는 자랑스런 아내와 놀라운 장모가 있다.

⑤ Let us be thankful for the fools. But for them the rest of us could not succeed. (Mark Twain)
바보들에게 감사하라. 그들이 없었다면 우리들은 성공할 수 없었을 것이다.

⑥ Fame is a magnifying glass.
명성은 확대경과 같다.

⑦ Fame is but a hollow echo.
명성은 다만 공허한 메아리(산울림)에 불과하다.

⑧ Fame is but an inscription upon a grave.*
명성은 무덤위의 묘비명과 같다.

⑨ Fame is but the breath of the people.
명성은 다만 사람들의 호흡(숨)소리에 불과하다.

⑩ Profit is better than fame.*
이익은 명성(명예)보다 낫다.

⑪ There are many ways to fame.
명성에 이르는 길은 여러 가지다.

⑫ A good name is sooner lost than won.
좋은 명성(평판)은 얻기보다 잃기가 쉽다.

* 8. A man lives a generation, a name to the end of all generations.
  사람은 한 세대를 살지만, 이름은 영원히 남는다.
* 10. Honor without profit is a ring on the finger.
  이익(실속)이 없는 명예는 손가락의 반지와 같다.

honor, glory

① Honor's but an empty bubble.* (Dryden)
명예는 다만 텅빈 거품에 불과하다.

② Honor was but ancient riches.
명예는 다만 고대(古代)의 부(富)이다 ; 명예는 힘들었던 지난 시절의 잔영에 불과하다.

③ Honor and ease are seldom bed fellows.
명예와 편안함은 잠자리 친구가 결코 되지 않는다 ; 명예는 결코 쉽게 얻어지지 않는다.

④ Honor and profit lie not in one sack.
명예와 이익은 한 자루속에 있지 않다.

⑤ Honor changes manners.* (Lat)
명예는 예의범절(습관)을 바꾼다.

⑥ Never lose honor through fear. (Sp)
두려움으로 명예를 잃지 마라.

⑦ Who loses honor can lose nothing else. (Lat)
명예를 잃은 자는 그 밖에 다른 어떤 것도 잃을 것이 없다.

⑧ Among men of honor a word is a bond. (It)
명성있는 사람의 한마디 말은 채권과 같다.

⑨ There is honor among thieves.
도둑의 세계에서도 명예는 있다.

⑩ Where there is no shame, there is no honor. (G)
부끄러움이 없는 곳에는 명예도 없다.

⑪ Glory is a mighty spur.* (Lat)
영광은 강력한 박차(자극)와 같다.

⑫ Glory is the shadow of virtue.
영광은 미덕의 그림자이다.

* 1. Fame is but a hollow echo.
* 5. Success alters our manners.
*11. Our greatest glory consists not in never falling, but in rising every time we fall. (Goldsmith)
최대의 영광은 한번도 실패 안하는 것이 아니고 실패할 때마다 다시 일어나는데 있다.

glory, fortune

① Glory is the recompense of gallant actions. (F)
영광은 용감한 행동의 보상(reward)이다.

② When glory comes, memory departs. (F)
영광이 오면 기억은 떠난다.

③ He will have true glory who despises glory. (Lat)
영광(명예)을 가볍게 여기는 사람이 참다운 영광을 받을 것이다.

④ If glory comes after death, I am in no hurry. (Lat)
영광이 죽음 뒤에 온다면 나는 서두르지 않겠다.

⑤ Military glory - the attractive rainbow that rises in showers of blood. (Lincoln)
군대의 영광 - 피의 소나기에서 솟은 매력적인 무지개와 같다.

⑥ Fortune rules all.
운명(행운)은 모든 것(만사)을 지배한다.

⑦ Fortune and misfortune are neighbors. (G)
행운과 불행은 이웃이다.

⑧ Fortune's friend is mishap's foe.
행운의 친구는 재난(불운)의 적이다.

⑨ Great fortune brings with it great misfortune.*
큰 행운은 큰 불행을 가져온다.

⑩ Give a man luck and throw him into the sea.*
한 사람에게 행운을 주고 그를 바다에 던져라, 살아날 것이다.

⑪ Fortune to one is mother, to another stepmother.
행운이 한 사람에게 어머니라면 다른 사람에게는 계모이다.

⑫ Everyman is the architect of his own fortune.* (Gk)
모든 사람은 그 자신의 운명(행운)의 건축가이다.

*9. Bad luck often brings good luck
불행은 종종 행운이된다. 전화위복.

*10. Pitch him into the Nile, and he'll come up with a fish in his mouth. (Arab)
그를 나일강에 던져라, 입에 고기를 물고 나오리라.

*12. Every man's fortune is molded by his character. (Lat)
모든 사람의 행운(운명)은 그의 성격에 의해서 형성된다.

fortune

① Fortune comes in by a merry gate.
행운은 즐거운 문으로 들어온다 ; 소문만복래(笑門萬福來).

② Fortune turns round like a mill wheel. (Sp)
행운은 물레방아 바퀴처럼 둥글게 돈다.

③ Good fortune is not known until it is lost. (Sp)
행운은 그것이 없어질 때까지 알지 못한다.

④ Good fortune rarely comes in succession.*
행운은 연속적으로 오지 않는다.

⑤ Great mind and great fortune seldom go together.
위대한 사람(정신)과 큰 행운은 함께 오지 않는다.

⑥ A Great fortune is great slavery. (Cicero)
큰 재산은 큰 예속이다.

⑦ Fortune is not on the side of the fainthearted.* (Gk)
행운은 소심한 자의 편에 있지 않다.

⑧ Fortune knocks once at least at every man's gate.* (It)
행운은 최소한 한 번은 모든 사람의 문을 노크한다.

⑨ The fortune which nobody sees makes a man unenvied.
아무도 보지 못하는 행운은 사람들이 부러워하지 않는다.

⑩ A man's own manners do shape his fortune.
그 사람 자신의 예절(습관)은 그의 운명(행운)을 만든다.

⑪ With a fortunate man all things are fortunate. (Gk)
행운의 사람에게는 만사가 운이 좋다.

⑫ A drop of fortune is worth a cask of wisdom. (Lat)
한 방울의 행운은 한 통의 지혜만큼 가치가 있다.

* 4. Good things come in pairs.
경사는 겹친다.
* 7. Fortune and Venus help the bold. (Lat)
행운의 여신과 미(美)의 여신은 용자를 돕는다.
* 8. Fortune visits everyone once.
행운은 누구에게나 한 번은 찾아온다 ; 행운(기회)이 왔을 때 잡아라.

fortune, luck

① Fortune favors fools.* (Lat)
행운은 바보들을 총애한다.

② The brave man carves out his fortune.* (Sp)
용감한 사람은 그의 운명(행운)을 개척한다.

③ We are corrupted by good fortune. (Lat)
우리들은 행운으로 타락된다.

④ When fortune opens one door, she opens another. (G)
행운의 여신이 한 문을 열고 들어올 때 그녀는 다른 문도 연다.

⑤ Bad luck often brings good luck.*
불행은 종종 행운을 가져온다.

⑥ Ill luck is good for something.
불행은 어떤 것에도 유익하다.

⑦ A lucky man is rarer than a white crow. (Lat)
행운의 사람은 흰까마귀보다 더 희귀하다.

⑧ A man does not seek his luck, luck seeks its man. (Turk)
사람이 행운을 추구하지 않고, 행운이 사람을 찾는다.

⑨ Ill luck comes by pounds and goes away by ounces. (It)
불행은 크게 와서 작게 조금씩 나간다.

⑩ Luck is for the few, death for the many. (G)
행운은 소수의 사람을 위해 있고, 죽음은 많은 사람을 위해 있다.

⑪ It is better to be born lucky than rich.*
부유하게 보다는 행운을 갖고 태어나는 것이 낫다 ; 돈 가진 부자보다는 재능을 갖고 태어나는 것이 낫다.

⑫ Luck for fools and chance for the ugly.
바보에겐 행운을, 못생긴 사람에게는 기회가 주어진다.

* 1. Fortune favours the bold(brave).
행운은 용감한 자를 돕는다 ; 용기 있는 사람은 행운을 가질 만하다.
* 2. They make their fortune who are stout and wise. (It)
튼튼하고 현명한 사람은 그 자신의 행운을 만든다.
* 5. Fortune & misfortune are neighbors.(G)
행운과 불운은 이웃이다.
* 11. It is better to be lucky than wise.
현명하기보다 행운이 있는 것이 낫다.

luck, end, resolution

① Lucky at cards, unlucky in love.*
카드 놀이에 행운이 있으면 사랑에 있어서 불행하다.

② My right eye itches, some good luck is near. (Gk)
나의 오른쪽 눈이 가려우면 어떤 좋은 행운이 가까이에 있다.

③ Everything has an end.
모든 것은 하나의 목표(목적)를 갖고 있다.

④ He who wills the end wills the means.
목적을 결의하는 사람은 방법을 꾀한다.

⑤ The end justifies the means.*
목적은 수단을 정당화 한다 ; 결과가 좋으면 어떤 방법이라도 문제가 안된다.

⑥ All's well that ends well.*
끝이 좋으면 모든 것이 좋다.

⑦ A good thing must come to an end.
아무리 좋은 일이라도 끝이 있다 ; 즐거운 일은 영원하지 않다.

⑧ Be resolved, and the thing is done. (Chin)
결의(決意)하라, 그러면 일이 이루어진다 ; 유지사성(有志事成).

⑨ Resolve, and you are free. (Longfellow)
결심하라, 그러면 그대는 자유로우리라.

⑩ Settled once, settled forever. (Lat)
일단 결정(作心)하였으면 영원한 것으로 정(결심)하라.

⑪ He who resolves suddenly repents at leisure.*
갑자기 결심한 사람은 한가할 때 후회한다.

⑫ Never tell your resolution beforehand.
너의 결의를 미리 말하지 마라.

* 1. Lucky in life, unlucky in love.
* 5. When the end is lawful, the means are lawful.
  목적이 합법적이면 수단도 합법적이다.
* 6. All is good that has good end.
  끝이 좋으면 다 좋다. 유종의 미(有終之美)
* 11. Swift decision are not sure. (Gk)
  빠른 결심(결단)은 확실(정확)하지 않다.

aim, purpose, determination, duty

1. The aim, if reached or not, makes great the life ; Try to be Shakespeare, leave the rest to fate! (Robert Browning)
   목표는 달성여부에 관계없이 인생을 위대하게 한다. 세익스피어와 같은 대문호가 되기 위해서는 먼저 노력하고 나머지는 운명에 맡겨라.

2. The great and glorious masterpiece of man is to know how to live to purpose.
   인간의 위대하고 영광스런 걸작품은 목표를 향한 삶을 사는 것이다.

3. In the long run, men hit only what they aim at. (Henry Thoreau)
   인간은 결국 자신의 목적을 달성한다.

4. First say to yourself what you would be, and then do what you have to do. (Epictetus)
   우선 무엇이 되고자 하는지를 자신에게 말하라, 그리고 나서 해야 할 일을 하라 ; 선입지 후결행 (先立志 後結行).

5. He who considers too much will perform little. (G)
   너무 지나치게 생각하는 사람은 거의 실천하지 못할 것이다.

6. The dice is cast.* (Lat)
   주사위는 던져졌다 ; 일은 이미 결정되었다.

7. To him who is determined it remains only to act. (It)
   결심한 사람에게는 다만 실천하는 것이 남아 있다.

8. I ought, therefore I can.* (Immanuel Kant)
   나는 해야한다. 고로 나는 할 수 있다.

9. Duty before pleasure.*
   쾌락(즐거움)에 앞서 의무를 ; 놀기전에 일부터.

10. Duty determines destiny.
    의무(책임)가 운명을 결정(좌우)한다.

11. Duties are ours ; events are God's
    책임은 우리의 것이지만, 결과(성과)는 신(神)의 것이다.

12. God never imposes a duty without giving the time to perform it.
    신은 수행할 시간을 주지 않고서는 의무를 부과하지 않는다.

* 6. Sink or swim.
  살기 아니면 죽기다 ; 이판사판이다.
* 8. I think, therefore I am. (Decart)
  나는 생각한다, 고로 존재한다.
* 9. Business before pleasure.

duty, judg(e)ment, passion

① England expects everyman to do his duty.* (Wellington)
영국은 각자가 자기 의무를 다할 것을 기대한다.

② There is no growth except in the fulfillment of obligations.
의무를 이행(완수)하지 않으면 성장이 없다.

③ The judgment of man is fallible. (Lat)
인간의 판단은 오류에 빠지기 쉽다.

④ Haste in judgment is criminal.* (Lat)
판단에 있어서 서두름은 죄(罪)이다.

⑤ Many complain of their memory, but few of their judgment.
많은 사람들이 그들의 기억력을 불평하나 그들의 판단은 불평하지 않는다.

⑥ All the passions are sisters. (F)
모든 열정(정욕)은 자매간이다.

⑦ All passions are extinguished with old age. (F)
모든 열정은 나이듦(노년)으로 해서 사라진다.

⑧ Govern your passions, or they will govern you. (Lat)
당신의 열정(감정)을 지배하라, 그렇지 않으면 당신이 지배될 것이다.

⑨ If passion drives, let reason hold the reins.
만약 정열이 몰아붙이면 이성(理性)이 고삐를 잡도록 하라.

⑩ The end of passion is the beginning of repentance.
격정(열정)의 종말은 후회의 시작이다.

⑪ The passions are merely different kinds of self-love.
정열은 단지 다른 종류의 자애(自愛)이다.

⑫ We are ne'er like angels till our passion dies.
열정이 사라질 때까지 우리들은 결코 천사와 같을 수 없다.

*1. Do the duty that lies nearest to you.
그대 가까이 있는 의무를 다하라 ; 나라를 위해 큰일만 하려 하지 말고 작은 자신의 일을 다하라.

*4. Whosoever gives hasty judgment must be the first that shall repent.
성급한 판단을 하는 사람은 누구나 후회하는 최초의 사람이 된다.

passion, prayer

① Where passion is high, there reason is low.
열정(감정)이 고조 되었을 때 이성(悟性)은 낮다.

② When passion enters at the foregate, wisdom goes out of the postern.
열정(격정)이 앞문으로 들어올 때 지혜는 뒷문으로 나간다.

③ Ardent prayer opens heaven. (Young)
열렬한 기도는 천국의 문을 연다.

④ Prayer is a wish turned heavenwards.
기도는 하늘을 향한 소망이다.

⑤ A short prayer enters heaven. (Lat)
짧은(간단한) 기도가 하늘에 닿는다.

⑥ Fear drives to prayer.* (Lat)
두려움(공포)이 기도하게 한다.

⑦ The fewer the words, the better the prayer. (G)
말이 적을수록 기도에는 더 좋다.

⑧ Nothing costs so much as what is bought by prayers.
기도에 의해서 얻은 것보다 더 값진 것도 없다.

⑨ He who ceases to pray ceases to prosper.
기도하기를 멈추는 사람은 번영(성공)하기를 중단한다.

⑩ The prayer of faith shall save the sick. (N. Test)
신앙(신념)의 기도는 병자의 목숨을 구할 것이다.

⑪ A grateful thought toward Heaven is a complete prayer. (G)
하늘에 대하여 감사하는 생각(마음)은 완전한 기도이다.

⑫ If you pray for another, you will be helped yourself. (Yid)
만약 당신이 다른 사람을 위해 기도하면 당신 자신을 돕는 것이 될 것이다.

* 6. Danger is sauce for prayers.
위험은 기도를 위한 소스(양념)이다 ; 위험하고 두려움에 처하면 기도하게 된다.

prayer, patience

① Who prays without trust cannot hope to have his prayers answered. (F)
믿음없이 기도하는 사람은 그의 기도에 응답할 것을 기대할 수 없다.

② No man ever prayed heartily without learning something. (Emerson)
아무도 어떤 것을 배우는 것 없이 진심으로 기도할 수 없다 ; 충심으로 기도하면 반드시 어떤 것을 배운다.

③ All things, whatsoever you ask in prayer, believing, you shall receive. (N. Test)
기도로 당신이 요구하는 것은 무엇이든, 모든 것을 당신이 받을 것이라고 믿어라.

④ Ask, and it shall be given to you ; seek, and you shall find ; knock, and it shall be opened unto you. (N. Test)
구(懇求)하라, 그러면 그것이 당신에게 주어질 것이요, 찾으라(探求), 그러면 찾을(發見) 것이며, 두드려라, 그러면 열릴 것이다.

⑤ Patience conquers the world.
인내는 세계를 정복한다.

⑥ Patience devours the devil. (G)
인내는 악마도 먹어치운다.

⑦ Be patient toward all men. (Apocrypha)
모든 사람들에 대하여 인내심을 가져라.

⑧ Patience is a plaster for all sores.*
인내심은 모든 상처의 고약이다.

⑨ Patience is a virtue.*
인내심은 미덕이다.

⑩ Patience opens all doors.
인내는 모든 문을 열게 한다 ; 무인불승(無忍不勝).

⑪ Patience is the art of hoping. (F)
인내는 희망의 기술이다.

⑫ Let patience grow in your garden.
인내가 그대 정원에서 자라도록 하라.

*8. Patience is the best remedy for every trouble. (T. Plautus)
인내는 모든 고통의 최상의 치료약이다.
No remedy but patience. 인내심 같은 치료(약)도 없다.
*9. Patience is a high virtue, certainly. (G. Chaucer) 인내는 분명히 고귀한 미덕이다.

patience, perseverance

① Have patience, and endure. (Lat)
인내심을 가지고 견뎌라.

② Patience is the key to paradise.* (Turk)
인내는 천국의 열쇠이다.

③ An ounce of patience is worth a pound of brains. (Dut)
한 온스의 인내심은 한 파운드의 지혜만큼 가치가 있다.

④ Patience is bitter, but its fruit is sweet. (Rousseau)
인내는 쓰다. 그러나 그 열매는 달다.

⑤ Nature, time and patience are the three great physicians.
자연, 시간, 인내는 3대 명의다.

⑥ He that has patience may compass anything. (F)
인내하는 사람은 무엇이든지 달성할 수 있다.

⑦ Our patience will achieve more than our force.
인내심은 우리들의 힘(노력)보다 더 많은 일을 성취시킨다.

⑧ Every misfortune is to be subdued by patience. (Vergil)
모든 불행은 인내에 의해서 극복된다.

⑨ Endurance is the crowning quality and patience all the passion of great hearts.
지구력은 최고의 가치이고 인내심은 위인들의 열정이다.

⑩ God is with those who persevere. (Arab)
신(神)은 인내하는 사람과 함께 있다.

⑪ Persevere, and persevere yourself for better days. (Lat)
인내하라, 그리고 또 좋은 날을 위해 극기(克己)하라.

⑫ By perseverance the snail reached the ark.*
견인불발(堅忍不拔)에 의해서 달팽이도 노아의 방주(方舟)에 도착했다.

* 2. Patience is the key of content.
* 12. With patience and time, the mulberry leaf becomes a silk gown.
시간과 인내로 뽕(桑)나무 잎은 비단옷이 된다.

patience, endurance, practice

① Patience, money, and time bring all things to pass.
인내, 돈, 그리고 시간은 모든 것(일)을 성취(성사)시킨다.

② Patience provoked often turns to fury. (Lat)
자극된 인내는 종종 격노(격분)로 바뀐다.

③ With patience and time, the mulberry becomes a silk gown. (Sp)
인내와 시간으로 뽕나무(桑)는 비단옷이 된다.

④ Every lot is to be overcome by endurance. (Gk)
모든 운명은 인내로 극복된다.

⑤ He that endures is not overcome.
참는 사람은 정복되지 않는다.

⑥ Slow and steady wins the race.*
천천히 그리고 꾸준하면 경주(시합)에서 이긴다.

⑦ Rome was not built in a day.* (Herodotus)
로마는 하루 아침에 이루어진 것이 아니다 ; 대기만성(大器晩成).

⑧ Everything comes to those who can wait.
기다릴 수 있는 사람은 모든 것을 얻을 수 있다.

⑨ Sorrow and silence are strong, and patient endurance is godlike. (A.W. Longfellow)
슬프면서 침묵하는 것은 강하고, 끈질기게 참는 것은 존엄하다.

⑩ Practice makes perfect. (Lat)
연습(훈련)은 완전함을 만든다.

⑪ Practice well if you would excel. (Chin)
만약 당신이 탁월하려면 잘 연습하라.

⑫ Practice is everything. (Gk)
훈련은 가장 중요한 것이다.

*6. Slow but sure wins the race.
천천히 그러나 확실한 것이 경쟁에 이긴다.

*7. Paris(Troy) was not built(taken) in a day.

experience

1. Experience is the mother of knowledge.*
   경험은 지식의 어머니다.

2. He who suffers, remembers. (Lat)
   고통받은(경험한) 사람은 기억한다.

3. Believe him who has experienced it. (Experto credite.) (Lat)
   그것을 경험한 사람을 믿으라.

4. Each believes naught but his experience. (Gk)
   각 사람은 그의 경험 이외에는 아무것도 믿지 않는다.

5. Experience is sometimes dangerous.
   경험은 때때로 위험하다.

6. Experience is the mistress of fools.
   경험은 바보들의 여교사이다.

7. Experience is the best teacher.
   경험은 최고의 스승이다.

8. Experience is the mother of all things. (It)
   경험은 모든 것의 근원이다 ; 백문이불여일견(百聞而不如一見).

9. Experience is the father of wisdom, and memory the mother.
   경험은 지혜의 아버지요, 기억은 지혜의 어머니다.

10. Experience is good if not bought too dear.
    만약 지나치게 비싸게 사지 않는다면 경험은 좋은 것이다.

11. Experience without learning is better than learning without experience.
    학문(배움) 없는 경험이 경험없는 학문보다 낫다.

12. Experience, the child of thought ; thought, the child of action.
    경험은 사상의 아이(자손)이고, 사상은 행동의 아이다.

* 1. Experience is the mother of wisdom.
    배움(경험)을 통해 실패하든 성공하든 지혜를 얻는다.

knowledge

① Know thyself. (Socrates)
그대 자신을 알라.

② Knowledge is power.* (Bacon)
지식(앎)이 힘이다 ; 아는 것이 힘이다.

③ Knowledge is the only elegance. (Emerson)
지식은 유일한 고상함이다.

④ Knowledge finds its price. (F)
지식은 그의 대가(보상)를 찾는다.

⑤ To know everything is to know nothing. (It)
모든 것을 아는 것은 아무것도 모르는 것이다.

⑥ Art and knowledge bring bread and honor.
예술(기술)과 지식은 빵(생활)과 명예를 가져온다.

⑦ Who knows most believes least. (It)
가장 많이 아는 사람이 가장 적게 믿는다.

⑧ He that knows nothing doubts nothing.*
아무것도 모르는 사람은 아무것도 의심하지 않는다.

⑨ Knowledge in youth is wisdom in age.
젊은 시절의 지식은 늙어서 지혜가 된다.

⑩ He knows the water best who has waded through it. (B. Franklin)
물을 건너 본 사람이 그 물을 가장 잘 안다.

⑪ Knowledge makes one laugh, but wealth makes one dance.
지식은 사람을 웃게 하지만, 부(富)는 사람을 춤추게 한다.

⑫ He knows enough that can live and hold his peace.
생활과 평화를 유지할 수 있는 사람은 충분히 많이 아는 사람이다.

* 2. A wise man is strong.
* 8. He who knows nothing never doubts. (It)

knowledge

1. A little knowledge is a dangerous thing.* (A. Pope)
   작은 지식(섣불리 아는 것)은 위험한 일이다.

2. Doubt is the key of knowledge.
   의심(의혹)은 지식의 핵심이다 ; 호기심과 의혹은 더 많은 지식을 불러 온다.

3. Knowledge is a treasure, but practise is the key to it.
   지식은 보배이지만, 실행(실천)은 보배의 열쇠이다.

4. To know one's ignorance is the best part of knowledge. (Chin)
   자신의 무지(無知)를 아는 것이 지식의 가장 핵심(核心)이다.

5. No man is the wiser for his learning.
   어떤 사람도 그의 학문(배움)보다 더 현명하지 않다.

6. A man of knowledge increases strength.
   지식인(知性人)은 힘을 증가시킨다.

7. He that increases knowledge increases sorrow.* (O. Test)
   지식을 넓히는 사람은 슬픔을 증가시킨다 ; 식자우환(識字憂患).

8. An investment in knowledge pays the best interest.* (Franklin)
   지식에 대한 투자(投資)는 가장 좋은 이자를 낳는다.

9. Knowledge and timber shouldn't be used till they are seasoned.
   지식과 목재는 제철이 되기까지 사용해서는 안된다.

10. Those who really thirst for knowledge always get it.
    진정 지식을 갈망하는 사람은 언제나 그것을 얻는다.

11. A learned man has always riches in himself. (Lat)
    학식있는 사람은 항상 그 자신의 내면에 풍부함을 갖고 있다.

12. They know enough who know how to learn.
    배우는 방법을 아는 사람은 충분히 많이 알고 있다.

* 1. A little learning is a dangerous thing.
* 7. He who knows has many cares.
* 8. Art and knowledge bring bread and honor.
     예술과 지식은 빵과 명예를 가져다 준다.

knowledge, ignorance, imitation, virtue

① Who knows most forgives most. (It)
가장 많이 아는 사람이 많이 용서한다.

② Better ignorance than half-knowledge. (Lat)
반쯤(설) 아는 것보다 아주 모르는 것(무지)이 낫다.

③ It is better to know something about everything than all about one thing. (Pascal)
한 가지 일에 대해 전부를 아는 것보다 모든 것에 관해 조금씩 아는 것이 낫다.

④ Where ignorance is bliss, it's folly to be wise.
무지(무식)함이 행복인 곳에서는 현명한 것은 어리석다 ; 어떤 것을 알지 못하고 행복할 때 그대로 있는 것이 낫다. 모르는 것이 약이다.

⑤ Imitation is the sincerest form of flattery.
모방(모조)은 아첨(추종)의 가장 진실한 모습(형식)이다.

⑥ Virtue alone is an estate.*
미덕(美德)만으로도 하나의 재산이다.

⑦ Virtue is the only true nobility.
미덕(고결)은 유일한 진실된 고상함이다.

⑧ Virtue is not hereditary. (Chin)
미덕(덕망)은 유전되지 않는다.

⑨ Virtue is not left to stand alone. (Chin)
덕(德)은 홀로 있지 않는다 ; 덕불고필유린(德不孤必有隣).

⑩ He that sows virtue shall reap fame.
덕행을 쌓는(씨 뿌리는) 사람은 명성을 걷우리라.

⑪ Virtue and happiness are mother and daughter.
덕망과 행복은 어머니와 딸의 관계와 같다.

⑫ Virtue alone has majesty in death. (Young)
덕(德)만이 죽음에서 위엄을 갖는다.

* 6. Virtue is its own reward.
덕(선행)은 그 자신의 보답(보상)이다.

virtue, character, chasitity

① Virtue is the fount whence honor springs.
미덕은 명예가 샘솟아나는 샘터(근원)이다.

② With virtue one may conquer the world.* (Chin)
덕망으로 사람은 세계(天下)를 정복할 수 있다.

③ Sweet are the slumbers of the virtuous man.
덕망있는 사람의 잠은 달콤하다.

④ Virtue seldom walks forth without vanity at her side.
미덕은 그 옆에 허영을 수행(수반)하고 걸어간다.

⑤ Father's virtue is a great heritage for his child.*
아버지의 덕망(德望)은 그 자식에게 큰 유산이다.

⑥ Where there is not virtue, there can be no liberty. (Arab)
덕(德行)이 없는 곳에 자유(自由)도 없다.

⑦ Character is destiny.* (Gk)
성격(품성)은 운명이다.

⑧ Character is a habit long continued. (Gk)
성격은 오래 지속된 습관이다.

⑨ When character is lost, all is lost.
인격을 상실하면 모든 것을 잃는다.

⑩ Our characters are the result of our conduct. (Gk)
우리들의 품성(성격)은 우리들의 행동(처신)의 결과이다.

⑪ To a bad character good doctrine avails nothing. (It)
나쁜 성격자에게는 좋은 교리(교훈)도 아무 소용이 없다.

⑫ Chasitity is like an icicle, if it once melts, that's the last of it.
정조(貞操)는 고드름과 같은 것, 한 번 녹으면 그만이다.

*2. Virtue subdues power.
덕(부드러운 것)은 힘(억센 것)을 정복한다 ; 제유능강(制柔能剛).

*5. Virtue and trade are the best inheritance for children.
덕망과 무역(장사)은 자식에게 가장 좋은 유산이다.

*7. Every man's fortune is molded by his character. (Lat)
모든 사람의 운명은 그의 성격(기질)에 의해서 형성된다.

courtesy, civility, politeness, familiarity

① Civility cost nothing.*
정중함(예의바름)은 아무 비용이 들지 않는다.

② Less of your courtesy, and more of your purse.
예의가 적을수록 그대의 돈(비용)은 더 든다.

③ Full of courtesy, full of craft.
예의로 충만함, 기술(재주)로 가득함.

④ Observe decorum even in your sport. (Lat)
놀이(오락)에서조차 예절을 지켜라.

⑤ One never loses anything by politeness.
사람은 공손함에 의해서는 아무것도 잃지 않는다.

⑥ Civility opens gates to the bad as well as to the good.* (Sp)
공손함은, 선인은 물론 악인에게도 문을 연다.

⑦ Politeness is to do and say the kindest thing in the kindest way.
공손함은 가장 친절한 방법으로 가장 품위있는 일을 행하고 말하는 것이다.

⑧ The greater man, the greater courtesy. (Alfred Tennyson)
위대한 사람일수록 더욱 예의가 바르다.

⑨ Politeness is excellent, but it does not pay the bill.
예의바름은 훌륭하지만 계산(비용)을 치르지 않는다 ; 예의와 비용은 별개다.

⑩ Courtesy wins woman as well as valor way.
여자는 용기로 정복할 수 있을 뿐만 아니라 예의로도 정복할 수 있다.

⑪ If a man be glacious and courteous to strangers, it shows he is a citizen of the world. (F. Bacon)
낯선 나그네에게 품위 있고 예절 바른 것은 세계 시민임을 보여주는 것이다.

⑫ Familiarity breeds contempt.
친밀함은 경멸을 낳는다 ; 친할수록 예의를 지켜라.

* 1. Politeness costs nothing, and gains everything. (Lady Mary W. Montagu)
  예절 바르게 행동하는 것은 비용이 들지 않으면서 모든 것을 얻는다.
  Kindness costs nothing but can buy everything.
* 6. All doors open to courtesy. (Thomas Fuller)
  예의(공손함)는 모든 문을 연다.

preparation, industry, diligence

1. If you want peace, be prepared for war. (Lat)
   평화를 원하면 전쟁을 준비하라 ; 유비무환(有備無患).

2. Forewarned, forearmed ; to be prepared is half the victory. (Sp)
   앞선 경계, 앞선 무장(준비). 준비는 반 승리이다.

3. Prevention is better than cure.*
   예방은 치료보다 낫다 ; 유비무환(有備無患).

4. Self-preservation is the first law of nature.
   자기 보존(自衛)은 자연의 첫째 법칙이다 ; 우선 너 자신을 돌보아라.

5. All things are won by industry. (Gk)
   모든 것은 근면에 의해서 얻어진다.

6. God gives all things to industry.
   신(神)은 근면함엔 모든 것을 주신다.

7. Nothing is impossible to industry.
   부지런함(노력가)엔 어떤 것도 불가능하지 않다.

8. The diligent hand makes rich.
   부지런한 손(일꾼)은 부유하게 된다.

9. Care and diligence bring luck.
   주의(염려)와 근면은 행운을 가져온다.

10. Diligence is the mother of good luck.* (F)
    근면은 행운의 어머니다.

11. Industry is a loadstone to draw all good things.
    근면은 모든 좋은 일을 끌어당기는 천연 자석과 같다.

12. Industry is fortune's right hand, and frugality her left.
    부지런함은 행운의 오른팔, 검소함은 행운의 왼팔이다.

* 3. A ounce of prevention is worth a pound of cure.
  한 온스의 방어(예방)는 한 파운드의 치료보다 낫다.
  Prevention is the best cure.
* 10. Diligence is the mother of good fortune. (Sp)

goodness, honesty

1. Good men are a public good.
   선(善)한 사람은 공익(公益)이다.

2. Evil things are neighbors to good. (Lat)
   악한 것(惡)은 선한 것(善)의 이웃이다.

3. He that helps the evil hurts the good. (Gk)
   악(惡)을 돕는 자는 선(善)을 해친다.

4. The good man makes others good. (Lat)
   착한 사람은 다른 사람을 선하게 한다.

5. True goodness springs from a man's own heart. (Chin)
   진실로 착함은 인간 자신의 마음에서 나온다.

6. Honesty is the best policy.*
   정직(正直)함은 최상의 정책(방법)이다.

7. Honesty lasts longest. (G)
   정직함이 가장 오래 간다.

8. Integrity is better than charity.
   정직함은 자선(사랑)보다 더 낫다.

9. No legacy is so rich as honesty. (Shakes)
   정직보다 더 귀중한(부유한) 유산도 없다.

10. An honest man is a citizen of the world.
    정직한 사람은 세계의 시민이다.

11. An honest man is the noblest work of God. (A. Pope)
    정직한 사람은 하나님의 가장 고상한 작품이다.

12. He that loses his honesty has nothing else to lose.*
    자신의 정직함을 잃은 사람은 그밖에 잃을 것이 없다.

* 6. Who does not know how to dissimulate does not know how to live.
  시치미떼기(위선, 가장)를 못하는 사람은 사는 방법을 모르는 사람이다.
* 12. Who loses honor can lose nothing else.(Lat)
  명예를 잃은자 모든 것을 잃은 것이다.

manners

① Manners make the man.*
예의가 그 사람을 만든다.

② Manners know distance.
예절은 거리(사이)를 안다.

③ Other times, other manners.* (F)
시대가 다르면 예의범절(풍속)도 다르다.

④ Office changes manners.* (Sp)
직무(의식)는 예절을 바꾼다.

⑤ Manners are stronger than laws.
예절(습관)은 법률(조례)보다 더 강하다.

⑥ Suit your manners to the man.* (Lat)
그 사람에게 당신의 예절을 맞추어라 ; 신분에 맞게 처신하라.

⑦ Good manners are made up of petty sacrifices.
품위 있는 예절은 작은 희생으로 만들어진다.

⑧ Good breeding is the blossom of good sense.
좋은 예절(가정교육)은 양식(良識)의 꽃이다.

⑨ "After you!" is a good manners.
"당신 먼저!"(형님 먼저!)라는 풍습은 좋은 예절이다.

⑩ Every one thinks himself well-bred.
누구나 그 자신을 예의바른 사람으로 생각한다.

⑪ Every one's manners makes his fortune.* (Lat)
사람의 예절은 그의 재산이 된다.

⑫ Degenerate manners grow apace. (Lat)
타락한 예절은 빨리 자란다 ; 못된 버릇은 빨리 전염된다(배운다).

* 1. Good manners and knowledge make a man.
   바른 예절과 지식이 인간을 인간답게 한다.
* 3. As are the times, so are the manners. (Sp)
* 4. Circumstances alter cases.
   환경은 조건을 바꾼다 ; 상황이 변하면 이전 협정은 효력이 없다.
* 6. Be civil to all ; sociable to many ; familiar with few ; friend to one ; enemy to none. (B. Franklin)
   모든 사람에게 예절바르게 대하고, 많은 사람에게 붙임성 있게 대하고, 몇몇 사람에게 친숙하게 대하고, 한 사람에게 벗이 되며, 누구에게도 원수가 되지 마라.
* 11. Manners make often fortunes.

여름 Summer

I. 별·산

star, moon, sun, fate, destiny

① The stars rule men, but God rules the stars. (Lat)
별은 인간을 지배하지만 신(神)은 별을 지배한다.

② The moon is not seen when the sun shines.
달은 태양이 빛날 때 보이지 않는다.

③ If the sun shines, I care not for the moon. (It)
태양이 빛나면 나는 달을 마음에 두지 않는다.

④ When the sun is highest, he casts the least shadow.
태양은 가장 높이 떠 있을 때 가장 짧은 그림자를 던진다.

⑤ No sun without a shadow.
태양이 없으면 그림자도 없다 ; 그림자 없는 태양(빛)도 없다.

⑥ Men honor the rising rather than the setting sun.*
사람은 일몰(日沒)보다 일출(日出)을 더 숭배한다.

⑦ The fates will find a way. (Lat)
운명은 자신의 길을 찾아나간다.

⑧ To bear is to conquer our fate.
참고 견디는 것이 우리의 운명(숙명)을 극복하는 것이다.

⑨ Each man suffers his own destiny. (Lat)
각 사람은 그 자신의 운명을 감수해야 한다.

⑩ All things are produced by fate. (Gk)
모든 일은 운명에 의해서 만들어진다.

⑪ It is wise to submit to destiny. (Chin)
운명에 복종하는 것이 현명하다.

⑫ One meets his destiny often in the road he takes to avoid it.* (F)
사람은 종종 그가 택한(걷는) 길에서 그가 피하려는 운명과 조우한다.

  * 6. Men honor the sun rising than the sun going down.
     사람은 몰락하는 부자보다 성공하는 거지를 더 좋아한다.
  * 12. Many have come upon their fate while shunning fate. (Lat)
     많은 사람이 운명을 피하면서 그들의 운명으로 다가 가고 있다.

fate, home

① Fate leads the willing, but drives the stubborn.*
숙명은 자발적인 사람은 이끌어가나 완고한 사람은 끌고 간다.

② I am the master of my fate ; I am the captain of my soul. (W. Henley)
나는 나의 운명의 주인이며 내 영혼(정신)의 선장이다.

③ Home is where the heart is. (Lat)
가정이란 애정(愛情)이 있는 곳에 있다.

④ East or west, home is best.*
동(東)쪽이든 서(西)쪽이든 내 집이 최고다.

⑤ Go home and kick the dog.
집에 가서 개를 차다 ; 종로에서 뺨맞고 한강가서 눈 흘긴다.

⑥ Home rule, Rome rule.
가정을 다스리는 자, 로마(市)를 지배하리라 ; 수신제가치국평천하(修身齊家治國平天下).

⑦ A man without a home is a bird without a nest. (F)
가정이 없는 사람은 둥지가 없는 새와 같다.

⑧ He is happy, be he king or peasant, who finds peace in his home. (G)
임금(王)이든 농부이든 자기집에서 평온(平和)을 찾는 자가 행복하다.

⑨ Be it ever so humble, there's no place like home.* (T. Payne)
비록 아무리 초라(보잘 것 없어도)해도 내집과 같은 곳도 없다.

⑩ It's not wood or stone, but hearts, that make a home.
집을 만드는 것은 나무나 돌이 아니라 마음(애정)이다.

⑪ Home is where the great are often small, and the small are often great.
가정은 위대(偉大)한 사람이 종종 작아 보이고 소인(小人)이 종종 위대하게 보이는 곳이다.

⑫ Dry bread at home is better than roast meat abroad.*
집에서 마른빵(거친음식)이 밖에서(남의 집)구운 불고기 보다 낫다.

* 1. Fate leads the willing, drags the unwilling. (Gk)
* 4. Travel east or west, a man's house is still the best.
* 9. There is no place like home.
* 12. Better a vegetable diet(a dinner of herbs)where love is than a meat diet and hatred there with.
  사랑이 있는 식물성 식사가 미움있는 육식보다 낫다.

brook, field, lane, road, hill, mountain,

1. Before you drink at a brook, it's well to know its source.
   시냇가에서 물을 마시기 전에 그 수원지(水源地)를 아는 것은 좋다.

2. Field have eyes and hedges ears.
   초원에는 눈이 있고 울타리에는 귀가 있다 ; 말(입)조심 하라.

3. It's not a long lane that has no turning.
   구부러지지 않은 오솔길도 없다 ; 단점 없는 사람 없다.

4. Any road leads to the end of the world.
   어떤 길도 세계의 끝까지 이어진다 ; 모로 가도 서울만 가면 된다.
   모든 길은 로마(서울)로 이어졌다.

5. The nearer the inn, the longer the road. (G)
   여인숙에 가까울수록 갈 길은 멀다.

6. Better to ask the way than go astray.
   길 잃고 헤매기보다 묻는 것이 낫다 ; 어떤 것에 대해 불확실한 것보다 충고를 받는 것이 낫다.

7. There is no hill without a valley.*
   계곡이 없는 언덕도 없다.

8. The higher the hill, the lower the grass.
   언덕이 높을수록 초목은 작다 ; 벼는 익을수록 고개를 숙인다.

9. A mountain and a river are good neighbors.
   산(山)과 강(江)은 좋은 이웃이다.

10. If you don't scale the mountain, you can't view the plain. (Chin)
    산에 오르지 않으면 들판(平野)을 볼 수 없다.

11. To make a mountain out of a molehill.
    두더지가 파 놓은 흙두둑으로 산을 만들기, 침소봉대, 과장, 허풍을 떨다.

* 7. Behind every mountain lies a valley. (Dut)
  모든 산 뒤에는 계곡(골짜기)이 있다.

여름 Summer

II. 동물·곤충·식물

ass, bear, cow

① The ass that brays most eats least.*
가장 많이 우는 나귀는 가장 적게 먹는다.

② The ass that carries wine drinks water.
포도주(술)를 운반하는 당나귀는 물만 마신다 ; 재주는 곰, 돈은 주인. 격화소양(隔靴搔癢).

③ Every ass loves to hear himself bray.
모든 당나귀는 그 자신의 나귀 울음소리를 듣기 좋아한다.

④ An ass is beautiful to an ass, and a pig to a pig
당나귀에게는 당나귀가 아름다워 보이고, 돼지에게는 돼지가 아름답다 ; 제눈의 안경.

⑤ One ass names another "long ears".(G)
한 나귀가 다른 나귀를 "큰 귀를 가진 녀석"이라고 부른다 ; 똥 묻은 개가 쌀겨 묻은 개 나무란다.

⑥ The ass and his driver do not think alike. (G)
나귀와 마부는 똑같게 생각하지 않는다 ; 동상이몽(同床異夢).

⑦ Bears are caught by honey.
곰은 꿀로 잡힌다 ; 재미나는 구멍(곳)에 호랑이(재난) 나온다.

⑧ An old bear is slow in learning to dance. (G)
늙은 곰(熊)은 춤추는 것을 배우는 데는 느리다 ; 나이 든 사람은 새로운 지식을 배우는 데 늦다.

⑨ Make sure of the bear before you sell his skin.* (Aesop)
곰의 가죽 껍질을 팔기전에 곰을 잡아라.

⑩ A red cow gives good milk.*
붉은 암소는 좋은 우유를 낸다.

* 1. A braying ass eats little hay. (It)
자기 운명을 탓하기 보다 이를 사랑하라.
* 9. Don't sell the bear skin before you have caught the bear.
* 10. Black cows give white milk.

cow, calf

⑪ The old cow thinks she never was a calf. (F)
늙은 암소는 자신이 송아지였던 것을 생각지 않는다 ; 개구리 올챙이 적 생각 못한다.

⑫ You can't sell the cow and drink the milk.
우유를 마시려면 젖소를 팔 수 없다. 부와 명예를 모두 갖기는 어렵다는 뜻.

cow, cat, camel, elephant, dog

① All is not butter that comes from the cow.*
   젖소에서 나오는 것이 모두 버터는 아니다.

② Cats hide their claws.
   고양이는 그들의 발톱을 감춘다.

③ Care will kill a cat.
   걱정(근심)은 고양이도 죽인다 ; 걱정은 문제해결에 도움이 안된다.

④ A scalded cat fears cold water.* (F)
   끓는 물에 덴 고양이는 찬물을 두려워 한다 ; 상궁지조(傷弓之鳥).

⑤ When the cat's away, the mice will play.
   고양이 없을 때는 쥐가 나와서 논다 ; 주인(책임자)이 없을 때 일꾼(피고용인)은 멋대로 한다.

⑥ Who shall hang the bell about the cat's neck?* (Sp)
   누가 고양이 목에 방울(종)을 달것인가 ; 불가능한 일을 시도할 때.

⑦ The cat steals the rice and the dog comes and eats it. (Chin)
   고양이가 쌀(밥)을 훔치고, 개가 와서 그것을 먹는다.; 어부지리(漁夫之利)

⑧ If you play with a cat, you must not mind her scratch. (Yid)
   만약 고양이와 논다면 할퀴는 것에 대해 걱정해서는 안된다.

⑨ The camel carries sugar but eats thorns. (Arab)
   낙타는 설탕을 운반하지만 가시(산사나무)를 먹는다.

⑩ 'Tis the last feather that breaks the camel's back.*
   낙타의 등을 부러지게 하는 것은 바로 마지막 작은 물건이다.

⑪ The elephant does not feel a flea bite. (It)
   코끼리는 벼룩이가 깨무는 것을 느끼지 못한다.

⑫ Dog does not eat dog.
   개는 개를 먹지 않는다 ; 동족상쟁(同族相爭)을 않는다.

* 1. It's not all butter that the cow yields.
* 4. A scalded dog fears cold water.
* 6. Who is to bell the cat?
     누가 고양이 목에 방울 달까?.
* 10. The last drop makes the cup run over.
      과유불급(過猶不及).
      (It is) the last straw (that) breaks the camel's back.
      마지막 지푸라기가 낙타등(허리)을 부러뜨린다.

dog

① Barking dogs never bite.*
짖는 개는 결코 깨물지 않는다.

② Old dogs barks not for nothing.*
늙은 개는 공연히 짖지 않는다.

③ Every dog is valiant at his own door.*
모든 개는 자기 문간에서는 용감하다.

④ Dead dogs bark not.* (Sp)
죽은 개는 짖지 않는다 ; 죽은 자는 말이 없다. 비밀누설방지.

⑤ Every dog has his day.
모든 개는 그의 날이 있다 ; 쥐구멍에도 볕들 날이 있다.

⑥ The tail wags the dog.
꼬리가 개를 흔든다 ; 아랫사람이 윗사람을 휘어 잡는다. 하극상(下剋上).

⑦ Like a dog in the manger. (Gk)
구유(여물통)에 있는 개와 같다 ; 개 밥에 도토리꼴.

⑧ Beware of a silent dog and still water. (Lat)
짖지 않는 개와 고요한 물을 조심하라.

⑨ A kitchen dog was never good for the chase. (It)
집안의 개는 결코 사냥에 능하지 못하다.

⑩ A living dog is better than a dead lion.* (O. Test)
살아있는 개는 죽은 사자보다 더 낫다.

⑪ An old dog cannot change his way of barking.*
늙은 개는 자신의 짖는 방법(방식)을 바꾸지 않는다.

⑫ The more I see of men, the more I admire dogs. (F)
사람을 많이 볼수록 개를 더 존중하게 된다. 인간은 배은망덕하기 쉽다.

* 1. Timid dogs bark loudest.
* 2. An old dog barks not in vain.
* 3. Every dog is a lion at home. (It)
* 4. A dead dog will never bite.
* 10. Better to be the head of a dog than the tail of a lion.
    사자 꼬리보다 개머리가 낫다 ; 큰 집단의 말석보다 작은 집단의 수석이 낫다.
* 11. An old dog can not learn new tricks.
    늙으면 새로운 기술(재주) 배우기 어렵다.
    You can't teach an old dog new tricks.

dog, fox

① The foremost dog catches the hare.
제일 앞선 개가 토끼를 잡는다.

② The dog that kills wolves is killed by wolves. (Sp)
늑대를 잡는 개는 늑대에게 죽는다. 원숭이도 나무에서 떨어진다.

③ A hair of the dog cures the bite. (It)
개의 털로써 깨물은 곳을 치료한다.

④ Yelping curs will raise mastiffs.
깽깽 짖는 강아지가 자라서 맹견이 된다.

⑤ A bashful dog never fattens. (G)
수줍어 하는 개는 결코 살찌지 못한다.

⑥ Let sleeping dogs lie.
잠자는 개를 가만히 누워있게 두어라 ; 긁어 부스럼 만들지 마라.

⑦ Help a lame dog over a stile.
디딤대를 넘는 절름발이 개를 도와줘라 ; 어려운 처지에 있는 사람을 도와줘라.

⑧ All are not thieves that dogs bark at.
개가 짖는 것이 모두 도둑은 아니다 ; 외모(외양)로 판단하지 마라.

⑨ If you wish the dog to follow you, feed him.
만약 개가 당신을 따르게 하려면 그에게 먹이를 주어라.

⑩ Two dogs strive for a bone, and a third runs away with it.
개 두 마리가 뼈 한 개를 두고 싸우면 다른 개가 그것을 갖고 간다 ; 어부지리(漁夫之利).

⑪ The fox changes his fur, but not his habits.* (Lat)
여우는 그의 털을 바꾸어도 그의 습성은 바꾸지 않는다.

⑫ Don't sell the skin till you have caught the fox.*
여우를 잡을 때까지 가죽을 팔지 마라 ; 떡 줄 사람 생각도 않는데 김칫국부터 마시지 마라. 매사를 확실히 하라.

* 11. The fox changes his skin, but not his habits.
* 12. Don't sell the bear skin before you've caught the bear.

fox, hare, horse

① An old fox need not be taught tricks.*
  늙은 여우는 재주(계교)를 배울 필요가 없다.

② First catch your hare.* (Lat)
  먼저 토끼를 잡아라.

③ Hares may pull dead lions by the beard.
  토끼도 죽은 사자의 수염을 잡아 당길 수 있다 ; 약자도 강자에게 모욕을 주는 용감성을 갖고 있다.

④ The hound pursues the hare ; the hare pursues freedom. (Russ)
  사냥개는 토끼를 추적하지만, 토끼는 자유를 추구한다.

⑤ Who hunts two hares together catches neither.* (G)
  두 마리 토끼를 함께 사냥하는 사람은 한 마리도 못잡는다.

⑥ You can't run with the hare and hunt with the hounds.
  사냥개와 함께 토끼를 쫓아 달릴 수 없다 ; 성격이 다른 두 유형의 사람과 친구가 될 순 없다.

⑦ An old horse for a young soldier.* (F)
  젊은(어린) 병사를 위해선 늙은 말이 좋다. 청년의 혈기, 노인의 자제력.

⑧ Good horses make short miles.
  좋은 말은 길을 짧게 한다.

⑨ A good horse oft needs a good spur.*
  잘 달리는 좋은 말도 종종 좋은 박차(채찍)가 필요하다 ; 주마가편(走馬加鞭).

⑩ Don't swap horses when crossing a stream.*
  강을 건너고 있을 때 말을 바꾸지 마라 ; 위기가 지날 때까지 지도자를 바꾸지 마라.

⑪ Every horse thinks his own pack heaviest.*
  모든 말은 자신의 짐이 가장 무겁다고 생각한다.

⑫ You may lead a horse to water, but you can't make him drink. (A. Lincoln)
  말을 물가로 끌고 갈 수 있으나, 말이 물을 먹도록 할 수는 없다 ; 평양감사도 제 싫으면 그만이다.

* 1. Old foxes want no tutors.
* 2. First catch your hare then cook him.
* 5. If you run after two hares, you'll catch neither. 한번에 두 가지 일을 하지 마라.
* 9. Don't spur a willing horse.
   잘 달리는(가고자 하는) 말에 박차를 가하지 마라. 쓸데없는 참견을 하지 마라. 빗자루를 드니 마당쓸라 한다.
* 10. Never swap horses while crossing the stream.
* 11. Every horse thinks its own pack (is) heaviest.

horse, colt, lion, leopard, bull, ox

① The best colt needs breaking.*
　가장 좋은 망아지도 길들이기(말 훈련)가 필요하다.

② The wildest colts make the best horses.* (Gk)
　야생의 망아지가 가장 좋은 말(준마)이 된다.

③ You may know the horse by his harness.*
　말의 마구(馬具)로 그 말을 알 수 있다.

④ Don't look a gift horse in the mouth.
　선물 받은 말의 입안(이빨)을 보지 마라 ; 선물 받은 것을 비평하지 마라.

⑤ A lion skin is never cheap.
　사자의 가죽은 결코 값싸지 않다.

⑥ To be tail of a lion rather than the head of a fox. (Heb)
　여우 머리보다 사자의 꼬리가 낫다.

⑦ Even a lion must defend himself against the flies. (G)
　사자라도 파리에 대해서 그 자신을 보호(방어) 해야 한다 ; 어떤 적(敵)이라도 가볍게 보아서는 안된다. 경적이멸(輕敵而滅)

⑧ The leopard can't change its spots.
　표범은 그의 얼룩점을 바꿀 수 없다 ; 모든 것이 다 바뀌어도 사람의 성격은 바뀌지 않는다.

⑨ The ox knows not his own strength. (Yid)
　황소는 그 자신의 힘을 알지 못한다. 정직한 자는 꾀(융통성)가 없다.

⑩ An old ox makes a straight furrow. (It)
　늙은 소(牛)는 곧은 이랑을 만든다. 나이 든 이가 침착하게 일을 잘한다.

⑪ The bull must be taken by the horn.* (F)
　황소는 그의 뿔로 잡아야 한다 ; 역경을 피하지 말고 대응하라.

⑫ He who greases his cart wheels helps his oxen. (Sp)
　마차바퀴에 기름칠하는 자는 그의 황소를 도와주는 일이다.

* 1. The best horse needs breaking, and the aptest child needs teaching.
　　가장 좋은 말이 말의 훈련이 필요하고, 가장 재기(才氣)있는 아이에게 교육이 필요하다.
* 2. A ragged colt may make a good horse.
　　초라한 망아지가 좋은 말이 된다 ; 미운 오리새끼. 굽은 나무가 선산 지킨다.
* 3. Judge not the horse by his saddle. (Chin)
　　말 안장으로 그 말(馬)을 판단치 마라. 외모로 사물을 판단치 마라.
　　The lion is known by his claws. (It)
* 11. Take the bull by the horns. 두려워말고 문제(점)와 대결하라.

mouse, rat, pig, hog, boar, monkey

① Rats desert a sinking ship.
쥐는 가라앉은(침몰) 배를 버린다 ; 그대가 역경에 처할 때 맨먼저 불성실하고 믿을 수 없는 사람은 보이지 않는다.

② No house without a mouse, no rose without a thorn.
쥐없는 집이 없고, 가시없는 장미 없다.

③ Don't make yourself a mouse, or the cat will eat you.*
자신을 쥐로 만들지 마라, 그렇지 않으면 고양이가 너를 잡아 먹을 것이다 ; 자신을 스스로 과소평가(경시)(self-depreciation) 말라.

④ A good rat will not injure the grain near its own hole. (Chin)
약은 쥐는 자신의 집(구멍) 근처에 있는 곡식을 해치지 않는다.

⑤ Burn not your house to fright the mouse away.
쥐를 쫓아 내기 위해 집을 태우지 마라 ; 빈대 잡으려고 초가삼간을 태우랴.

⑥ A pig's life - short and sweet.* (F)
돼지의 생활(생애) - 짧고도 즐겁다.

⑦ Feed a pig and you'll have a hog.
새끼돼지를 기르라, 그러면 어미 돼지를 가지게 되리라.

⑧ The pig prefers mud to clear water.* (Lat)
돼지는 깨끗한 물보다 흙탕물(구정물)을 더 좋아한다 ; 취미(기호)는 제각각. 십인십색.

⑨ Cast not your pearls before swine.
돼지 앞에 진주(眞珠)를 던지지 마라 ; 가치를 모르는 자에게 귀중한 것을 주지마라.

⑩ The hog is never good but when he is in the dish.
돼지는 결코 요리상에 있기까지 좋지 못하다.

⑪ The wild boar is often held by a small dog. (Lat)
멧돼지는 종종 작은 개에게 잡힌다.

⑫ The old monkey gets the apple. (F)
늙은 원숭이가 사과를 딴다.

* 3. Make youself a lamb and the wolves will eat you.(F)
He who makes himself a dove is eaten by the hawks.(It)
* 6. The fat hog knows not what the hungry hog suffers. (Dut)
살찐 돼지는 배고픈 다른 돼지의 아픔(고통)을 모른다.
* 8. A hog prefers bran to roses. (F)
돼지는 장미보다 밀기울(겨)을 더 좋아한다.

monkey, sheep, lamb, tiger, tortoise, whale, wolf

① Every monkey will have his gambols.
모든 원숭이는 자신의 장난거리(희롱거리)를 갖고 있다.

② One sheep follows another.*
양은 서로 따른다.

③ He who has sheep has fleeces. (Sp)
양을 기르는 자는 양털을 가지고 있다.

④ A mild sheep is sucked by every lamb. (It)
순한 양은 모든 새끼 양에게 젖을 빨린다.

⑤ There's a black sheep in every flock.
모든 양떼속에 검은 양이 있다 ; 어떤 가족(부족)에도 악한(불량배)이 있기 마련이다.

⑥ Shun the companionship of the tiger. (Lat)
호랑이와의 교제를 피하라.

⑦ He who rides a tiger is afraid to dismount. (Chin)
호랑이를 탄 사람은 내리는 것이 두렵다. ; 잘못된 일을 하면 멈추기 어렵다.

⑧ The tiger on the plain is insulted by the dogs. (Chin)
평야(평원)의 호랑이는 개에게 모욕을 당하게 된다.

⑨ In painting tigers, one can paint the skin but not the bones. (Chin)
호랑이를 그릴 때 가죽은 그리지만 뼈(속)를 그릴 수는 없다.

⑩ The tortoise wins the race while the hare is sleeping.
토끼가 잠자는 한 거북이가 경주에 이긴다 ; 천천히, 꾸준함(착실함)이 결국 승리한다.

⑪ A little fish expects to become whale.
작은 고기는 고래가 되기를 바란다.

⑫ Who is bred among wolves will learn to howl.
늑대 사이에서 자란 것은 이리의 울부짖는 것을 배울 것이다.

*2. If one sheep leap over the dyke, all the rest will follow.
만약 양 한 마리가 개천(도랑)을 뛰어 넘으면 나머지 모든 양이 그 뒤를 따를 것이다.

wolf, bird, chicken

① Beware of a wolf in sheep's clothing.*
양의 옷(털)을 입고 있는 늑대를 조심하라.

② Fair feathers make fair fowl.*
아름다운 깃털은 아름다운 새를 만든다 ; 옷이 날개다.

③ Birds of a feather flock together.
같은 깃(털)을 가진 새는 함께 모인다 ; 유유상종(類類相從).

④ A bird in the hand is worth two in the bush. (Gk)
손 안에 든 한 마리 새는 숲 속의 두 마리 만큼 가치가 있다 ; 남의 돈 100냥이 내 돈 1푼만 못하다.

⑤ Little bird, little nest. (Sp)
작은 새, 작은 둥지.

⑥ Such bird, such song. (Lat)
그 새에 그 노래.

⑦ The early bird catches the worm.
일찍 일어나는 새가 벌레를 잡는다 ; 빨리, 제때에 행동하라.

⑧ A bird is known by his feathers. (Yid)
새는 그의 깃털로서 알 수 있다.

⑨ To every bird his nest is fair.* (It)
모든 새에게는 그의 둥지가 아름답다.

⑩ Better be a free bird than a captured king.
포로가 된 왕(王)보다 자유로운 새가 낫다.

⑪ To kill two birds with one stone(bolt, sling).
돌(화살, 고무총) 하나로 새 두 마리 잡기 ; 일석이조(一石二鳥).

⑫ Count not your chickens till they are hatched.*
병아리가 부화될 때까지 병아리를 세지 말라.

* 1. There is a wolf in a lamb's skin.
양의 가죽을 쓴 이리 : 양두구육, 인면수심.
* 2. Fine feathers make fine birds.
옷을 잘 입으면 좋은 인상을 준다. 옷이 날개.
* 9. To every bird its own nest is charming.
자기 집이 제일 좋다.
* 12. Don't count your chickens before they are hatched.
떡줄 사람은 생각도 않는데 김칫국부터 마신다.

chicken, cock, hen, crow, raven

① Chicken gives advice to hen.
병아리가 어미 닭(암탉)에게 충고를 한다. 공자앞에서 문자 쓴다.

② Black hens lay white eggs. (Dut)
검은 암탉도 흰 달걀(계란)을 낳는다.

③ The hen's eyes are with her chicken. (F)
암탉의 눈은 그의 병아리에게 가 있다.

④ Better is my neighbour's hen than mine.
내집 닭보다 내 이웃집 닭이 더 낫다.

⑤ Young cocks love no coops.*
어린 닭은 닭장(우리)을 좋아하지 않는다.

⑥ As the old cock crows, so crows the young.
늙은 수탉이 우는 것처럼 그렇게 어린 닭이 운다.

⑦ A cock is bold on his own dunghill.* (Lat)
수탉은 그 자신의 횃대(똥더미)에서 용감하다.

⑧ It is a sad house when the hen crows louder than the cock.*
암탉이 수탉보다 더 크게 우는 집은 슬프다.

⑨ Old crow are hard to catch. (G)
늙은 까마귀는 붙잡기 어렵다.

⑩ One crow does not make a winter. (G)
까마귀 한 마리가 겨울이 되게 하지 못한다.

⑪ The black crow thinks her own birds white.*
검은 까마귀도 제 새끼를 하얗다고 생각한다. 고슴도치도 제 새끼를 함함하다고 한다.

⑫ Bring up a raven, and it will peck out your eyes.* (Sp)
갈까마귀를 길러라, 그러면 너의 눈을 쪼을 것이다.

* 5. Children and chicken must be always picking.
  애들과 닭은 언제나 줍는다 : 아이들은 언제나 배고파한다.
* 7. The cock is a king on his own dunghill.
* 8. Crooning cow, a crowing hen, and a whistling maid bode never luck to a house.
  낮게 우는 암소, 수탉처럼 우는 암탉, 휘파람 부는 처녀는 결코 집에 행운의 조짐이 아니다.
* 11. The crow thinks her own bird fairest.
* 12. Foster a raven and it will pluck out your eyes.
  은혜를 모르는 자는 기르지 마라. 배신당하기 쉽다. cf.반포(反哺)-새끼 까마귀가 커서 어미를 봉양(보은)한다.

cuckoo, dove, eagle, goose, wild geese, hawk, lapwing, lark, magpie

① The cuckoo builds not for himself.
뻐꾸기는 자신을 위해서 집을 짓지 않는다.

② Doves will peck in safeguard of their brood. (Shakes)
(산)비둘기도 그들의 새끼의 보호를 위해서는 쪼을 것이다.

③ He who makes himself a dove is eaten by the hawks.* (It)
자신을 비둘기로 만드는 사람은 매에 의해 먹혀진다.

④ Eagles fly alone.
독수리는 홀로 난다.

⑤ Eagles catch no flies.* (Lat)
독수리는 파리를 잡지 않는다.

⑥ All his geese are swans.*
자신의 모든 거위는 백조이다.

⑦ A wild goose never lays a tame egg.
기러기는 결코 순한(길들여진) 알은 낳지 않는다. 용장밑에 약졸 없다.

⑧ Don't kill the goose that lays the golden egg. (Gk)
황금알을 낳는 거위를 죽이지 말라. 소탐대실.

⑨ The hawk ever lives in battle. (Lat)
매는 언제나 싸우면서 살아간다.

⑩ The lapwing cries farthest from her nest.
댕기물떼새는 자기 둥지에서 가장 먼 곳에서 운다.

⑪ Lovers live by love, as larks live by leeks.
종달새가 부추로 살아가듯이 연인은 사랑으로 산다.

⑫ One magpie is for sorrow : two for mirth : three for a wedding : four a birth : five for silver : six for gold : seven for a secret.
까치 한 마리는 슬픔을, 두 마리는 기쁨을, 세 마리는 결혼, 네 마리는 출생(탄생), 다섯은 은(銀), 여섯은 황금(金), 일곱은 비밀.

* 3. Make yourself lamb and the wolves will eat you. (F)
* 5. The eagle does not catch flies.
  독수리(매)는 굶어도 벼이삭을 쪼지 않는다 ; 정의의 사람은 작은 이득에 지조를 팔지 않는다.
* 6. Everyman thinks his own geese are swans.
  제것이면 모두가 제일 좋다.
  The(black) crow thinks her own bird fairest(white).

ostrich, owl, peacock, pheasant, sparrow, swallow, swan, wren

① To bury one's head in the sand like an ostrich.
  타조처럼 머리를 모래속에 감추기 ; 바보스런 짓(Ostrich Policy). 눈감고 아웅하기.

② The owl thinks his children the fairest.*
  올빼미는 제 새끼가 가장 예쁘다고 생각한다.

③ The peacock has fair feathers but foul feet.
  공작새는 아름다운 깃털을 갖고 있으나 더러운 발을 갖고 있다.

④ Pheasants are fools if they invite the hawk to dinner.
  만약 꿩이 매를 저녁식사에 초대한다면 그는 어리석다.

⑤ Sparrows fight for corn which is none of their own.
  참새는 자신의 것도 아닌 옥수수를 위해 싸운다.

⑥ Sparrows should not dance with cranes : their legs are too short. (Dan)
  참새는 학과 함께 춤추어서는 안된다. 그들의 다리가 너무 짧기 때문이다 ; 뱁새가 황새 쫓아가다가는 다리가 찢어진다.

⑦ Two sparrows on one ear of corn make an ill agreement.
  옥수수 한 이삭에 앉은 두마리 참새는 서로 합의(화합)치 못한다.

⑧ A sparrow is a little bird, yet it has liver and gall all complete. (Chin)
  참새는 작지만, 간·담즙 등 모든 것을 갖추었다.

⑨ One swallow does not make a summer.* (Sp)
  제비 한 마리가 여름이 되게 하지 못한다.

⑩ The swan sings when death comes.
  백조는 죽음이 다가 왔을 때 노래한다.

⑪ Wrens may prey where eagles dare not perch.
  굴뚝새는 독수리도 감히 앉지 않는 곳에서 먹이를 잡는다 ; 하룻강아지 범 무서운 줄 모른다.

⑫ You can not fly like an eagle with the wings of wren.
  굴뚝새의 날개로 독수리처럼 날 수가 없다 ; 분수를 알라.

* 2. The crow thinks her own bird fairest.
* 9. One woodcock does not make a winter.
     One crow does not make a winter. (G)
     한 마리의 도요새(까마귀)가 겨울이 되게 하지 못한다.

bee, wasp, beetle, butterfly, cockroach, flea, louse, fly

① One bee makes no swarm.
   벌 한 마리가 벌떼를 만들지 못한다.

② Where bees are, there will be honey.
   벌이 있는 곳에 꿀이 있다.

③ Honey is sweet, but the bee stings.
   꿀은 달지만 벌은 침을 쏜다.

④ From the same flower the bee extracts honey and the wasp gall. (It)
   똑같은 꽃에서 꿀벌은 꿀을 추출하였는데 말벌은 담즙(쓴)을 만든다.

⑤ The beetle is a beauty in the eyes of its mother.
   딱정벌레도 그의 어미 눈에는 아름답게 보인다 ; 고슴도치도 제 새끼는 함함하다.

⑥ To take a musket to kill a butterfly.*
   나비를 잡기 위해 구식 소총을 든다 ; 견문발검(見蚊拔劍).

⑦ A cockroach is always wrong when arguing with the chicken.
   바퀴벌레가 닭과 싸우는 것은 항상 잘못이다.

⑧ He that lies with dogs rises with fleas.
   개와 함께 누운 사람은 벼룩과 함께 일어난다 ; 근묵자흑(近墨者黑).

⑨ The fatter the flea, the leaner the dog. (G)
   벼룩이 더 살찔수록 개는 점점 더 여윈다 ; 위정자가 잘 살수록 국민은 어렵게 산다.

⑩ A louse is a beggar's companion.
   이(虱)는 거지의 친구이다.

⑪ Nits will be lice.
   서캐가 자라서 이(虱)가 된다.

⑫ Flies come to feasts uninvited.
   파리는 초대받지 않은 잔치에 온다. 불청객은 언제나 있기 마련.

* 6. Break a butterfly on a wheel.
   마차타고 나비를 잡는다 ; 필요한 힘(능력) 이상으로 구사하지 말라.

worm, crab, eel, fish

① Tread on a worm and it will turn.*
지렁이도 밟으면 꿈틀거린다 ; 온순한 사람도 너무 강요하면 반발(반항)한다.

② You can never teach(bring) a crab to walk straight.*
바닷게를 똑바르게 걷게 하지는 못한다.

③ You can't hide an eel in a sack.
자루에다 뱀장어를 숨길 수 없다 ; 낭중지추(囊中之錐).

④ He that will catch eels must disturb the flood.
뱀장어를 잡으려는 자는 냇물을 흐트려야 한다.

⑤ Fish follow the bait.
고기는 먹이(미끼)를 따른다.

⑥ Fish begin to stink at the head. (Gk)
고기는 머리부터 썩기 시작한다.

⑦ Don't teach fishes how to swim.*
고기에게 수영하는 법을 가르치지 마라; 공자 앞에서 문자를 쓴다.

⑧ No man cries stinking fish.
아무도 냄새나는 고기를 팔지 않는다.

⑨ The best fish keep near the bottom.*
가장 좋은 고기는 강바닥에 산다.

⑩ Every fish is not a sturgeon. (Russ)
모든 물고기(생선)가 철갑상어는 아니다.

⑪ Big fish are caught in a big river. (Yid)
큰 물고기는 큰 강에서 잡힌다.

⑫ The fish will soon be caught that nibbles at every bait.
모든 낚시 미끼를 뜯어 먹는 고기는 곧 잡힌다 ; 호기심과 탐구심은 종종 파멸(몰락)을 가져온다.

*1. Even a worm will turn. Any ant has its ire.
개미도 노여움이 있다.

*2. You cannot make a crab walk straight.
바닷게를 똑바로 걷게 할 순 없다 ; 불가능한 것은 시도하지 말라.

*7. Chicken gives advice to hen.

*9. The greatest fish swim near the bottom.
가장 좋은 것은 얻기가 가장 어렵다.

trout, fishing, acorn, oak, pine, tree

① There is no taking trout with dry breeches. (Sp)
젖지 않은 바지를 입고서 송어를 잡을 수 없다.

② A fishing rod is a stick with a hook at one end and a fool at the other.
낚싯대는 한쪽 끝에 낚싯바늘이 있고 다른 한쪽에 바보가 있는 막대기다.

③ The end of fishing is not angling, but catching.
낚시의 목표는 낚시질이 아니고 잡는 것이다.

④ It is good fishing in troubled (turbid, muddy) waters.
흐린(탁한, 진흙탕) 물에서 낚시질 하는 것이 좋다.

⑤ Every oak has been an acorn.*
모든 참나무는 도토리였다 ; 조그만 출발이 크고 중대한 결과가 될 수 있다.

⑥ Many strokes fell great (tall) oaks.*
여러 번의 치기(타격)가 큰 참나무를 쓰러뜨린다 ; 큰 일도 오랫동안 꾸준히 일함으로 성취된다.

⑦ An oak is not felled at one stroke.* (Sp)
떡갈(참)나무는 한 번 찍어서 넘어가지 않는다. 첫 술(숟가락)에 배 부르랴?

⑧ Oaks may fall when reeds brave the storm.
갈대가 폭풍우를 두려워하지 않을 때도 참나무는 쓰러질 수 있다 ; 제유능강(制柔能剛).

⑨ The pine wishes herself a shrub when the axe is at her root. (It)
소나무는 도끼가 그의 뿌리에 닿을 때 관목(덤불)이기를 바란다.

⑩ As the tree, so the fruit.* (G)
그 나무에 그 열매.

⑪ A short tree stands long.
키작은 나무가 오래 서 있다 ; 굽은 나무가 선산(先山) 지킨다.

⑫ A tree is known by its fruit.*
나무는 그 열매로써 알 수 있다.

　* 5. Great oaks from little acorns grow.
　　　작고 보잘 것 없는 것이 최상의 것이 된다.
　* 6. Little strokes fell great oaks.
　　　열 번 찍어 안 넘어가는 나무 없다.
　* 7. The tree falls not at the first stroke.
　* 10. Like tree, like fruit.
　* 12. A man is known by his friends.(work)

twig, wood

① Great trees keep down little ones.
큰 나무는 작은 나무를 억누른다.

② Tall tree catches much wind.
키 큰 나무가 많은 바람을 맞는다.

③ A good tree is a good shelter.
좋은 나무는 좋은 그늘(휴식처)을 제공해 준다.

④ The highest trees has the greatest fall.
가장 키 큰 나무가 가장 크게 쓰러진다.

⑤ A twig in time becomes a tree.
잔가지도 조만간 나무가 된다.

⑥ A young tree bends, an old one breaks.* (Yid)
어린 나무는 구부러지나, 늙은 나무는 부러진다.

⑦ Straight trees have crooked roots.*
곧은 나무도 구부러진 뿌리를 갖고 있다.

⑧ Green wood makes a hot fire.
푸른 목재(덜마른 나무)는 뜨거운 불(열)을 낸다.

⑨ You can not see the wood for the trees.
나무를 보면 숲을 볼 수 없다; 작은 일에 얽매어 큰일(大局)을 못본다.

⑩ Chop your own wood, and it will warm you twice.
너 자신의 장작을 베라, 그러면 자신은 두 번이나 더워질 것이다.

⑪ Don't hallo(a) till you are out of the woods.
숲에서 빠져 나오기 전까지 기뻐 외치지 마라. 완전히 안심할 수 있을때까지 미리 좋아하지 마라.

⑫ Old wood is best to burn, old horse to ride, old books to read, and old wine to drink.
고목(古木)이 가장 잘 타고, 늙은 말이 타기에 좋고, 오래된 책이 읽기에 좋고, 오래된 술이 가장 마시기 좋다.

*6. The tree must be bent while it is young.
나무는 어렸을 때 구부려야 한다 ; 사람의 습관, 성질은 어렸을 때 교정해야 한다.

*7. The peacock has fair feathers but foul feet.

apple, bean, corn, fruit

① An apple a day keeps the doctor away.
하루의 사과 하나는 의사를 멀리하게 한다 ; 건강한 음식은 건강을 유지시킨다.

② The rotten apple infects its neighbors.* (Lat)
썩은 사과는 다른 사과를 썩게 한다.근묵자흑.

③ There is small choice in rotten apple.
썩은 사과 중에서는 선택의 여지가 적다.

④ Every bean has black spot.
모든 콩은 검은 점을 가지고 있다 ; 누구나 단점(短點)이 있다.

⑤ To catch two pigeons with one bean.*
콩 하나로 두 비둘기 잡기 ; 일석이조(一石二鳥).

⑥ Corn him well, he'll work the better.
그에게 곡식(곡물)을 잘 주라, 그러면 그는 더 잘 일할 것이다.

⑦ Much bruit(feast), little fruit.
소문난 잔치 먹을 것이 없다.

⑧ Not root, not fruit.
뿌리가 없으면 열매도 없다.

⑨ Forbidden fruit is sweetest.*
금지된 열매(금단의 열매)는 더 달다 ; 금지된 일이 언제나 더 좋아 보이고 흥미롭다.

⑩ Good fruit never comes from a bad tree.* (Port)
좋은 과일은 나쁜 나무에서 열리지 않는다.

⑪ The better the fruit, the more wasps to eat it. (G)
과일이 좋을수록 말벌(나나니벌)은 더 많이 먹는다 ; 호사다마(好事多魔).

⑫ Fruits that blossom first will first be ripe.
먼저 핀 열매는 먼저 익는다.

* 2. The rotten apple injures its neighbours.
　　나쁜 사람이나 좋지 않은 일은 주위에 있는 것을 오염시킨다.
* 5. To kill two birds with a stone.
* 9. Forbidden fruit is sweet.
　　훔친 사과가 더 맛있다.
* 10. The apple never falls far from the tree.
　　한가족 구성원은 그 가족의 성격을 닮는다 ; 콩 심은데 콩나고, 팥 심은데 팥난다.

fruit, bud, cherry, briar, grape, grass, hay

① Like tree, like fruit.*
그 나무에 그 열매 ; 부전자전(父傳子傳). 모전여전(母傳女傳).

② Fruit is gold in the morning ; silver in the afternoon, and lead at night.
과일은 아침에 황금과 같고, 오후엔 은(銀), 밤에는 납(鉛)과 같다.

③ The bud may have a bitter taste, but sweet will be the flower.
꽃봉오리는 쓴맛이 나나, 꽃은 향기로울 것이다.

④ Flower are the pledges of fruit. (Dan)
꽃은 과실(열매)의 담보(표시)이다 ; 열매 있는 나무는 꽃을 보고 안다.

⑤ A cherry year, a merry year ; a plum year, a dumb year.
벚꽃(버찌)의 해는 즐거운 해이지만, 오얏이 잘된 해는 말 못할 해.

⑥ It is good to nip the briar in the bud.
봉오리 때 들장미(찔레)를 꺾는 것이 좋다.

⑦ He that will have the fruit must climb the tree.
열매(과실)를 가지려는 자는 나무에 올라가야 한다 ; 목마른 자가 샘물 판다.

⑧ Every little blade of grass declares the presence of god.
작은 풀잎사귀마다 신(神)의 존재를 엿볼 수 있다.

⑨ We are all mortal grass and hay.
우리 모두는 죽어야 하는 풀과 건초와 같다 ; 초로인생(草露人生).

⑩ The grass is always greener on the other side of the fence.
울타리 밖의 잔디가 더 푸르다 ; 남의 떡이 더 커 보인다.

⑪ The higher the hill, the lower the grass ; the higher the tree, the sweeter the plum.*
언덕이 높을수록 풀은 작고, 나무가 높을수록 오얏은 더 달다.

⑫ Make hay while the sun shines.
해가 비칠 때 풀을 말려라 ; 좋은 기회를 놓치지 마라.

* 1. As the tree, so the fruit. (G)
* 11. The sweetest grapes hang highest.
가장 단 포도는 가장 높은데 달렸다.

flower, moss, nut, pea, pomegranate, reed, rose

1. One flower makes no garland.
   꽃 한송이로 화환을 만들지 못한다.

2. The fairest flowers soonest fade.
   가장 아름다운 꽃은 가장 빨리 시든다. 미인박명. 재가다병.

3. Every flower has its perfume. (Turk)
   모든 꽃은 제각기 향기가 있다. 십인십색.

4. A rolling stone gathers no moss. (F)
   구르는 돌은 이끼가 끼지 않는다.

5. He that would eat the kernel must crack the nut. (Lat)
   호도 알맹이를 먹으려는 사람은 견과(나무열매)를 깨야 한다.

6. The smaller the pea, the more to the pot ; the fairer the woman, the more the giglet(giglot).
   완두콩이 작을수록 그릇에는 더 많이 필요하고, 여자가 아름다울수록 더 바람둥이다.

7. Every pomegranate has its rotten pit. (Lat)
   모든 석류나무는 썩은 오목한 부분(구멍)이 있다.

8. Lean not on a reed.
   갈대에게 기대지 마라.

9. Where there are reeds, there is water.*
   갈대가 있는 곳에 물이 있다.

10. No rose without a thorn.* (G)
    가시없는 장미는 없다 ; 아름답고 눈길을 끄는 것은 반드시 그 독소가 있다.

11. When the rose dies, the thorn is left behind. (Lat)
    장미는 시들어도 가시는 뒤에 남는다. 호사유피(虎死留皮)

12. Gather the rose buds while you may.*
    장미 봉오리(쾌락)는 모을 수 있을 때 모아라 ; 젊을 때 청춘을 즐겨라.

* 9. There is no wheat without chaff.
  왕겨없는 밀이 없다.(모든 밀은 왕겨가 있다)

* 10. Rose smell sweet, but they have thorns.(Yid)

* 12. Gather roses while you may.

rose, straw, thistle, weed, bough, branch

① Roses and maidens soon lose their bloom. (G)
장미와 처녀는 쉽게 그들의 한창 때(신선미)를 잃는다.

② A rose is sweeter in the bud than full bloom.
장미는 만발할 때보다 봉오리일 때 더 향기롭다.

③ If you lie upon roses when young, you'll lie upon thorns when old.
젊어서 장미꽃 위에 누워 있으면, 늙어서 가시 위에 눕게 될 것이다.

④ A drowning man will clutch at a straw.*
물에 빠진 자는 지푸라기라도 잡는다 ; 절망적인 상황에서는 가장 가냘픈 희망에도 기대를 건다.

⑤ A thistle is a salad for asses.
엉겅퀴는 당나귀의 샐러드(생채 요리)이다.

⑥ An ill weed grows apace.*
나쁜(무익한) 잡초는 빨리 자란다.

⑦ No garden without its weeds.
잡초 없는 정원 없다.

⑧ Weeds never die.* (G)
잡초는 결코 죽지 않는다.

⑨ The highest branch is not the safest roost.
가장 높은 나뭇가지가 가장 안전한 홰(지위/둥지)가 못된다.

⑩ The old branch breaks if bent.*
늙은 나뭇가지는 구부리면 부러진다 ; 나쁜 습관은 어렸을 때 고쳐라.

⑪ Don't cut off the bough you're standing on.
그대가 의존하고 있는 가지를 자르지 마라 ; 유일한 부양자(후원)를 제거하지 마라.

⑫ The boughs that bear most hang lowest.
가장 많이 열매를 맺은 가지가 가장 낮게 처진다; 벼는 익을수록 고개를 숙인다. 훌륭한 사람일수록 더 겸손하다.

---

* 4. A drowning man will catch(grasp) at a straw.
* 6. Evil weed is soon grown.
* 8. Weeds need no sowing.
  잡초는 씨를 뿌릴 필요가 없다.
* 10. A young tree bends, an old one breaks. (Yid)
  어린 나무는 구부러지나 늙은 나무는 부러진다.

여름 Summer

III. 사랑 · 우정 · 건강

love

① Love is the salt of life.
사랑은 인생의 소금이다.

② Love begins with love.* (F)
사랑은 사랑으로 시작된다.

③ Love has a tide.
사랑에는 시간(밀물)이 있다.

④ Love is without reason.
사랑은 이유(이성)가 없다.

⑤ Habit causes love. (Lat)
습관은 사랑을 일으킨다(낳는다).

⑥ Love is a credulous thing. (Lat)
사랑은 속기 쉬운(잘 믿는) 것이다.

⑦ In love there is no lack.*
사랑에는 부족함이 없다.

⑧ Love needs no teaching.
사랑은 배우는 것이 필요없다.

⑨ Pity is akin to love.*
연민은 사랑에 가깝다.

⑩ Love looks for love again.
사랑은 사랑을 다시 찾는다.

⑪ Love is stronger than death. (F)
사랑은 죽음보다 더 강하다.

⑫ Charity begins at home.
사랑(자비)은 집에서부터 시작된다 ; 자주 가까이 접촉함으로 사랑이 싹튼다.

* 2. Love begets love.
* 7. Where love is, there is no lack.
* 9. Pity often engenders love. 동정은 흔히 사랑이 된다.

love, affection

① Hot love is soon cold.
   뜨거운 사랑은 곧 차가워진다.

② To love is to choose.* (F)
   사랑하는 것은 선택하는 것이다.

③ Love is blind, but sees afar.* (It)
   사랑은 눈이 멀었으나 멀리를 본다.

④ Love is the touchstone of virtue. (F)
   사랑은 미덕의 시금석이다.

⑤ 'Tis impossible to love and be wise.
   사랑하면서 현명해지기는 불가능하다.

⑥ All is fair in love and war.*
   사랑과 전쟁에 있어서는 모든 것이 공평하다.

⑦ Love me, and the world is mine.
   나를 사랑하라, 그러면 세상은 나의 것이다.

⑧ One's sweet heart is never ugly. (F)
   자신의 애인은 결코 추하지 않다.

⑨ One love expels(drives out) another.
   한 사랑은 다른 사랑을 축출한다.

⑩ One always returns to his first love. (F)
   사랑은 언제나 최초의 사랑(첫사랑)으로 돌아온다.

⑪ Love makes a good eye squint.
   사랑은 좋은 눈을 사팔뜨기(사시)로 만든다.

⑫ Hatreds are the cinders of affection.
   증오(미움)는 애정(사랑)의 찌꺼기이다.

* 2. A time to love, a time to die.
     사랑할 때와 죽을 때.
     Everything has a time.
     만사에는 때가 있다.

* 3. Love sees no faults. Affection blinds reason.
     애정은 이성에 눈이 멀었다 ; 사랑(애정)은 종종 사람들이 어리석은 일을 하도록 한다.
     Charity covers a multitude of sins.
     사랑(자비)은 수많은 죄(잘못)를 덮는다(용서한다).

* 6. Love levels with all.
     사랑에는 상하 등급이 없다.

love

1. Love make the world go round.*
   사랑은 세상을 둥글게 돌아가도록 만든다.

2. Hasty love is soon hot and soon cold.*
   성급한 사랑은 곧 뜨거워졌다 곧 식는다.

3. Love can make any play agreeable. (Arab)
   사랑은 어떤 연극(놀이)도 유쾌하게 한다.

4. Love rules his kingdom without a sword.
   사랑은 칼 없이도 그의 왕국을 지배한다.

5. When love is satisfied, all charm is gone. (F)
   사랑이 만족(충족)되면 모든 매력이 사라진다.

6. The less my hope, the hotter my love. (Lat)
   나의 희망이 적을수록 나의 사랑은 더 뜨겁다.

7. When love puts in, friendship gone.
   사랑이 안으로 들어오면 우정은 밖으로 나간다.

8. There is no such thing as eternal love. (F)
   영원한 사랑같은 사랑도 없다.

9. True love is the ripe fruit of a lifetime.
   참사랑은 일생동안 익은 열매와 같다.

10. Calf love, half love ; old love, cold love.
    어릴적 사랑(풋사랑)은 반(半)사랑이며, 늙은이의 사랑은 차가운(냉정한) 사랑이다.

11. Love is the force of creation. (D. H. Lawrence)
    사랑은 창조의 힘(추진력)이다.

12. Love is never paid but with pure love.*
    사랑은 순수한 사랑으로만 보상된다.

* 1. It is love that makes the world go round.
     사랑은 세상을 움직이는 힘이다.
* 2. Hot love is soon cold.
* 12. Love is love's reward.
     사람은 사랑의 보상이다.

love

1. Love abounds in honey & poison. (Lat)
   사랑에는 꿀과 독이 풍부히 있다(많이 있다).

2. He loves you well who makes you weep. (Sp)
   그대를 울게하는 사람은 그대를 잘 사랑한다.

3. Love must be fostered with soft words. (Lat)
   사랑은 달콤한(부드러운) 말로 자란다.

4. We learn only from those we love. (Goethe)
   우리들은 우리가 사랑하는 사람에 의해서만 사랑을 배운다.

5. Love kills happiness, happiness kills love. (Sp)
   사랑은 행복을 소멸시키고, 행복은 사랑을 소멸시킨다.

6. Love is a kind of warfare. (Lat)
   사랑은 일종의 전투(투쟁)와 같다.

7. The sweets of love are mixed with tears.
   사랑의 쾌락은 눈물로 범벅이 되어 있다.

8. Lovers live by love as larks live by leeks.
   종달새가 부추류로 살듯이 연인은 사랑으로 산다.

9. Love, smoke, and cough can not be hid. (F)
   사랑, 연기 그리고 기침은 감출 수가 없다.

10. Love does much, money everything. (G)
    사랑은 많은 것을 하지만 돈은 무엇이든지 한다(가장 중요한 것이다).

11. Whom we love best, to them we can say least.*
    가장 사랑하는 사람에겐 할 말이 적은 법이다.

12. The quarrel of lovers is the renewal of love. (Lat)
    연인과의 싸움은 사랑의 소생(쇄신)이다.

* 11. Love understands love, it need not talk.

love

① Love asks faith, and faith firmness.
사랑은 믿음을 요구하며, 믿음은 확고함(불변)을 요구한다.

② Love is the noblest frailty of the mind.
사랑은 정신(마음)의 가장 고상한 연약함(단점)이다.

③ There is no hiding love from lover's eyes.
사랑하는 자의 눈에서 사랑을 감출 수는 없다.

④ Two souls in one, two hearts into one heart. (Lat)
한 영혼속의 두 개의 영혼, 한 마음 안에 두 개의 애정(마음).

⑤ One can not choose when one is going to love. (Norw)
사람이 사랑하고 있을 때는 사람을 선택할 수 없다.

⑥ Who love too much, hate in the same extreme. (Gk)
지나치게 많이 사랑하는 자는 똑같이 극단적으로 미워한다.

⑦ Absence sharpens love ; presence strengthens it.
부재(不在)는 사랑을 날카롭게 하며, 대면(存在)은 사랑을 강하게 한다.

⑧ There is no living in love without suffering.* (Lat)
고통이 없는 사랑으로는 살 수가 없다.

⑨ Love of lads and fire of chips are soon in and soon out.
소년의 사랑과 나무토막의 불은 쉽게 붙었다 쉽게 꺼진다.

⑩ Obstacles are in love what salt and pepper are in cookery.*
사랑에서 장애(방해물)는 요리에 있어서 소금과 후춧가루와 같다.

⑪ Delicacy is to love what grace is to beauty. (F)
섬세함(미묘함)이 사랑과의 관계가, 우아함이 아름다움과의 관계와 같다.

⑫ Lovers derive their pleasure from their misfortunes. (Gk)
연인은 그들의 불행으로부터 즐거움(쾌락)을 끌어낸다.

* 8. Love is a sweet torment.
사랑은 달콤한 고통이다.

* 10. Love grows with obstacles.
사랑은 장애를 거칠수록 더 강해진다.

love

1. Love knows hidden paths. (G)
   사랑은 숨겨진 길을 안다.

2. Love is a talkative passion.
   사랑은 이야기하기 좋아하는 열정이다.

3. Love lasts as long as the money endures.
   사랑은 돈이 지속(지탱)되는한 지속된다.

4. Fanned fires and forced love ne'er did weal. (Scot)
   부채질된 불과 강요된 사랑은 화목(행복)하지 못하다.

5. Love is like water ; easy to begin but very hard to stop.
   사랑은 물과 같아서 시작은 쉬우나 멈추기는 매우 어렵다.

6. Love is the child of illusion, and the parent of disillusion.
   사랑은 환상(착각)의 아들이며 환멸의 양친이다.

7. Love is sweet in the beginning but sour in the ending.*
   사랑은 처음엔 달콤하지만 끝은 쓰다.

8. The lover's soul dwells in the body of another. (Lat)
   연인의 영혼(정신)은 다른 사람의 육체 속에 산다.

9. There are as many pangs in love as shells upon the shore. (Lat)
   해변가의 조가비처럼 사랑안에는 수많은 고통(비통)이 있다.

10. 'Tis better to have loved and lost than never to have loved at all. (Tennyson)
    전혀 사랑해 본적이 없는 것보다 사랑했다가 실연한 것이 더 낫다.

11. There is certainly some connection between love and music and poetry. (Robert Burns)
    틀림없이 사랑과, 음악과, 시 사이에는 어떤 관계가 있다.

12. Man's love is a part of his life, it's woman's whole existence.* (Byron)
    남자의 사랑은 남자의 생애의 한 부분이지만, 여자의 사랑은 그녀의 전생애이다.

* 7. The course of true love never did run smooth.
    참사랑의 길은 결코 평탄치 않다 ; 사랑하는 사람은 도중에 많은 어려움을 만난다.

* 12. Love, that is but an episode in the life of man, is the entire story of woman.
    Love is all life for a woman.
    사랑은 여성에게 생애의 전부다.
    Woman's whole life is a history of love.
    여성의 전생애는 사랑의 이력서(역사/이야기)이다.

love, friendship

① Love's anger is fuel to love.* (G)
사랑의 분노(다툼)는 사랑의 연료이다.

② Love in extremes can never long endure.
극단적인 사랑은 오래가지 않는다.

③ Love is a malady without a cure*
사랑은 치료가 없는 질병이다.

④ Love makes the time pass, time makes love pass. (F)
사랑은 시간을 흐르게 하며, 시간은 사랑을 지나가게 한다.

⑤ Love is like the measles - all the worse when it comes late in life.*
사랑은 홍역과도 같은 것 - 그것이 인생에서 늦게 올 때 가장 나쁘다.

⑥ When a man and a woman flirt, both are cheating ; the man pretends to be sincere, the woman pretends to be virtuous.
남자와 여자가 시시덕거릴 때 둘다 속이고 있다. 즉 남자는 진실한 척 하고 여자는 정숙한 척 가장한다.

⑦ For a woman, love is a dream at twenty, and experience at thirty, and a reminiscence after forty.
여인에게 있어서, 20살에 사랑은 꿈과 같고, 30살엔 경험(체험)이며, 40살엔 하나의 회상(추억)거리이다.

⑧ Love is an experience in which our whole being is renewed and refreshed as is that of plants by rain after drought. (B. Russell)
사랑이란 가뭄끝에 비를 맞는 식물의 경험처럼 인간의 심성(心性)을 새롭게 해주고 생기를 북돋워 주는 하나의 경험(체험)이다.

⑨ On the whole women tend to love men for their character while men tend to love women for their appearance. (Bertrand Russell)
대체로 여성은 남성의 인격(성격)에 대해 남성을 사랑하는 경향이 있는 반면 남성은 여성의 외모에 대해 여성을 사랑하는 경향이 있다.

⑩ Friendship is the gift of the gods.
우정은 신의 선물이다.

⑪ Friendship is the marriage of the soul. (F)
우정은 영혼의 결혼과 같다.

⑫ Friendship is no plant of hasty growth.
우정은 급히 성장하는 식물이 아니다.

* 1. The quarrel of lovers is the renewal of love. (Lat)
* 3. No herb will cure love.
* 5. Love is like the measles : we all have to go through it.

friendship

① Friendship is a sheltering tree.
우정은 폭풍의 피난처같은 나무이다.

② Friendship is stronger than kindred.
우정은 혈육의 정(情)보다 더 강(强)하다.

③ Life has no pleasure nobler than that of friendship.
인생에 있어서 우정만큼 고귀(高貴)한 기쁨도 없다.

④ Without confidence there is no friendship. (Gk)
신뢰(믿음)없이는 우정도 없다.

⑤ To friendship every burden is light.
우정에는 모든 짐(책임)이 가볍다.

⑥ Love and friendship exclude each other. (F)
사랑과 우정은 서로서로 거절(배척)한다.

⑦ The bird a nest, the spider a web, man friendship. (Blake)
새에겐 둥지, 거미에겐 거미줄, 인간에겐 우정.

⑧ Friendship can not live with ceremony, nor without civility.
우정은 형식(예의)을 갖추어서는 살 수 없지만 공손함(정중함)없이도 살 수 없다.

⑨ Time, which strengthens friendship, weakens love. (F)
우정을 강화시키는 시간은 사랑을 약화시킨다.

⑩ The less friends one has, the more one feels the value of friendship. (F)
친구를 적게 가질수록 우정의 가치는 더 크게 느낀다.

⑪ Just as yellow gold is tested in the fire, so is friendship to be tested by adversity. (Ovid)
순금이 불에 시험되듯이 우정은 역경에 시험된다.

⑫ Three things are known only in three places : valor, which knows itself only in war, wisdom, only in anger, and friendship, only in need. (Emerson)
세 가지 일은 세 곳에서만 알 수 있다. 용기는 전쟁터에서, 지혜는 분노할 때, 우정은 곤란(위급)할 때 그 진가를 알 수 있다.

happiness

1. Happiness invites envy. (Lat)
   행복은 선망(질투)을 초대(초래)한다.

2. Better be happy than wise.
   현명하기보다 행복한 것이 더 낫다.

3. Happy man, happy dole.
   행복한 사람, 행복한 보시(布施)(베품).

4. Happy is he that chastens himself.*
   자신을 자제하는 사람은 행복하다.

5. Happiness takes no account of time.
   행복은 시간을 무시한다(고려하지 않는다).

6. Happy is he that is happy in his children.
   자신의 아이들에 만족하는 사람은 행복하다.

7. He is happy who knows his good fortune. (Chin)
   자신의 행운(운명)을 아는 자는 행복하다.

8. He is happy that knows not himself happy.
   그 자신이 행복한 지를 모르는 자가 행복하다.

9. The will of a man is his happiness. (Schiller)
   그 자신의 의지(意志)는 그의 행복이다.

10. Man is the artificier of his own happiness. (Thoreau)
    인간은 자기 행복의 기술자(제작자)이다.

11. A happy life consists in tranquility of mind. (Lat)
    행복한 생활은 마음의 평온(平靜)에 있다.

12. A man's happiness is to do a man's true work. (Gk)
    사람의 행복은 사람이 참된 일을 하는데 있다.

*4. Contentment is happiness.
Happiness lies in contentment.
행복은 만족에 있다. cf. satisfaction(외부에서 채워지는) 만족. 충족.

happiness, faith

1. Very little is needed to make a happy life. (Marcus Aurelius)
   행복한 생활을 하는데 필요한 것은 아주 많지 않다.

2. A happy life is one which is in accordance with its own natures. (Seneca)
   행복한 생활은 자신의 성질(천성)과 맞는 생활이다.

3. Enjoy your life without comparing it with that of others.
   다른 사람의 생활과 비교하지 말고 자신의 생활을 즐겨라.

4. Happiness is a waystation between too little and too much.
   행복은 너무나 작은 것과 너무나 많은 것 사이의 간이역(중간 · 중용)과 같다.

5. One is never as happy or as unhappy as he thinks.
   사람은 그가 생각한 것처럼 그렇게 행복하거나 또는 그렇게 불행하지 않다.

6. There is no happiness in having or in getting, but only in giving.
   행복은 소유나 획득에 있지 않고 오로지 주는데 있다.

7. When we can not find contentment in ourselves, it is useless to seek it else where. (La Rochefoucauld)
   우리들이 우리 자신 속에서 만족을 찾지 못할 땐 다른 어느 곳에서도 행복을 찾을 수 없다.

8. Let him that would be happy for a day go to the barber ; for a week, marry a wife ; for a month, buy him a new house ; for all his life time, be an honest man.
   하루가 행복하기를 원하는 자는 이발관으로 가게 하라. 일주일을 행복하려면 아내와 결혼하고, 한달을 행복하려면 새집을 사게 하고, 일생동안 행복하려면 정직한 사람이 되게 하라.

9. Where love is, there is faith.
   사랑이 있는 곳에 믿음이 있다.

10. Faith is the force of life. (Tolstoy)
    믿음은 인생(생활)의 힘(활력소)이다.

11. Faith is the soul of religion and works the body.
    신앙(믿음)은 종교의 혼(정신)이며, 실천(노동)은 종교의 몸(신체)이다.

12. Faith can remove mountains.
    믿음은 산(山)도 움직일 수 있다.

faith

① Believing is a power.*
   믿는 것이 힘이다.

② Believe well and have well.
   잘 믿어라, 그러면 잘 가지리라.

③ Faith sees by the ears.
   신앙(믿음)은 귀로 보는 것이다.(본다)

④ Faith is a certitude without proofs. (F)
   믿음은 증명(입증)이 없는 확신이다.

⑤ Faith without works is dead. (N. Test)
   실천(행동)없는 신앙(믿음)은 죽은 것이다.

⑥ Quick believers need broad shoulders.
   쉽게 믿는 자는 넓은 어깨가 필요하다.

⑦ Who knows much believes the less. (It)
   많이 아는 사람은 적게 믿는다.

⑧ What a man desires he easily believes.*
   사람은 그 자신이 욕망하는 것(바라는 것)을 쉽게 믿는다.

⑨ They can conquer who believe they can. (Vergil)
   자신이 정복할 수 있다고 믿는 자가 정복할 수 있다.

⑩ A perfect faith lifts us above fear.
   완전한 믿음(신앙)은 우리들을 공포에서 벗어나게(초월) 한다.

⑪ Each man's belief is right in his own eyes.
   각 사람의 신념(믿음)은 그 자신의 눈(견해)에서는 옳다.

⑫ The way to see by faith is to shut the eye of reason. (Franklin)
   믿음으로 보는 방법은 이성의 눈을 감는 것이다.

* 1. Seeing is believing.
     보는 것이 믿는 것 ; 백문이불여일견(百聞而不如一見).
* 8. We soon believe what we desire.
     대부분의 사람들은 자신들이 믿고 싶어하는 것을 믿는다.

trust

① Trust begets trust.
신뢰(믿음)는 신뢰를 낳는다.

② In trust is truth.
신뢰속에 진실(진리)이 있다.

③ In trust is treason.
배신(반역죄)은 믿음(신뢰)속에 있다.

④ In God we trust ; all others cash. (Am)
우리는 신(神)을 믿는다. 그러나 다른 모든 사람들은 돈(현금)을 믿는다.

⑤ Trust is the mother of deceit.
신뢰(믿음)는 사기(기만)의 어미(母)이다.

⑥ Trust, but not too much. (G)
믿어라, 그러나 지나치게 많이 믿지 마라.

⑦ Who quick believes late repents. (G)
빨리 믿는 자는 나중에 후회한다.

⑧ He who trusts not is not deceived.
믿지 않는 자는 속임을 당하지 않는다.

⑨ Trust not him that once has broken faith.
한 번 믿음(신뢰)을 깨뜨린 사람은 믿지 마라.

⑩ Trust in God, but mind your business.* (Russ)
신(神)을 믿어라, 그러나 그대의 사업에 주의하라.

⑪ Living on trust is the way to pay double.
신뢰(믿음)로 사는 것은 두배로 지불하는 방법이다.

⑫ Trust not a horse on the road and a wife at home.* (Yid)
길(路上)에 있는 말과 집안에 있는 아내를 믿지 마라.

* 10. Put your trust in God, but keep your powder dry.
신을 믿으라, 그러나 밀가루(화약)는 말린채 보관하라 ; 만약에 대비해 준비하라.

* 12. Believe not all that you see nor half what you hear.
당신이 본 것과 들은 것을 모두 믿지 마라 ; 어느 것도 보이는 것 그대로가 아니다.

hope

1. Hope makes the fool rich. (G)
   희망은 바보를 부자로 만든다.

2. Hope is as cheap as despair.*
   희망은 절망만큼 값싼 것이다.

3. Hope is grief's best music.
   희망은 슬픔의 가장 좋은 음악이다.

4. Hope is the parent of faith.
   희망은 믿음의 어버이(양친)다.

5. Hope is worth any money.
   희망은 어떤 돈 만큼이나 가치가 있다.

6. Hope is a lover's stuff.*
   희망은 연인의 양식이다.

7. Hope is a waking dream. (Gk)
   희망은 잠을 자지 않고 꾸는 꿈과 같다.

8. Hope often deludes the foolish man.
   희망은 종종 어리석은 사람을 속인다.

9. Hope is the poor man's bread.* (Thales)
   희망은 가난한 자의 빵이다.

10. While there is life, there is hope.* (Lat)
    생명이 있는 동안 희망이 있다.

11. Great hopes make great men.
    위대한(큰) 희망은 위대한(큰) 사람이 되게 한다.

12. Hope deferred makes the heart sick.*
    연기(지연)된 희망(소망)은 마음을 병들게 한다.

* 2. Put aside trifling hopes. (Horace)
  사소한 희망을 버려라.
* 6. My aspirations are my only friends. (H. Longfellow)
  나의 웅지(雄志)만이 나의 유일한 벗이다.
* 9. Hope is the poor man's income. (Dan)
* 10. If it were not for hope, the heart would break.
  희망이 없었다면 심장은 멈추었을 것인데.
  Where there's life, there's hope.
* 12. Long hope is the fainting of the soul.

hope, friend

1. We can not wish for what we don't know. (F)
   우리는 우리가 알지 못하는 것을 희망할 수 없다.

2. Hope for the best, but prepare for the worst.
   최상의 것을 희망하라, 그러나 최악의 것은 준비(대비)하라 ; 낙관적이더라도 만일에 대비하라.

3. Hope springs eternal in the human breast. (Pope)
   희망은 인간의 가슴속에서 끝없이 솟아난다.

4. Men easily believe what they wish to believe. (Lat)
   인간은 자신이 믿기를 바라는 것을 쉽게 믿는다.

5. In all the wedding cake, hope is the sweetest plum.
   모든 결혼식 케이크(과자)에서 희망은 가장 달콤한 오얏이다.

6. When there is no hope, there can be no endeavor.
   희망이 없을 때는 노력(인내)도 있을 수 없다.

7. What one has wished for in youth, in old age one has in abundance. (Goethe)
   젊은 시절에 희망(소망)한 것을 늙어서 풍성하게 가지리라.

8. A Friend in need is a friend indeed.
   필요할 때 친구가 참된 친구이다.

9. A friend is best found in adversity.
   친구는 역경(逆境)일 때 가장 잘 찾을 수 있다.

10. A good friend is my nearest relation(relative).
    좋은 친구란 나의 가장 가까운 친척이다.

11. A friend is never known till a man have need.
    친구는 필요할 때까지 결코 알 수 없다.

12. A merry companion is music in a journey.*
    유쾌한 친구는 여행에 있어서 음악과 같다.

* 12. A good company is a good coach. (waggon)

friend

① Old friends are best.*
오래된 친구가 가장 좋다.

② A friend is another self.
친구는 또다른 자기이다.

③ Friends are thieves of time. (Lat)
친구는 시간의 도둑이다.

④ Friends must part.*
친구도 헤어져야 한다 ; 회자정리(會者定離).

⑤ A friend is easier lost than found.
친구는 구하기보다 잃기가 더 쉽다.

⑥ A friend to all is a friend to none.* (Gk)
모든 사람에게 친구는 아무에게도 친구가 아니다.

⑦ No road is long with good company.*
어떤 길도 좋은 친구와는 멀지 않게 느낀다.

⑧ Suspicion is the fang of friendship.
의심은 우정의 독아(毒牙)이다. 의심(불신)은 독있는 이빨 같다.

⑨ A man is known by the company he keeps.*
사람은 그가 사귀는 친구에 의해서 알 수 있다.

⑩ A false friend is worse than an open enemy.
그릇된 친구는 솔직한 적보다 더 나쁘다.

⑪ He who has many friends has no friends.
많은 친구를 가진 자는 친구가 없다.

⑫ He that has a full purse never needs a friend.
가득찬 지갑(돈)을 가진 자는 결코 친구의 필요를 못느낀다.

* 1. Old friends and old wine are best.
  옛친구와 오래된 술이 최고다.
* 4. The best companion must part. (F)
* 6. A friend to everybody is a friend to nobody.
* 7. No road is long with good companion. (Turk)
* 9. He is known by his companions. (Lat)
  사람은 사귀는 친구를 보고 알 수 있다.

friend

1. The best mirror is an old friend.
   가장 좋은 거울은 오랜 친구이다.

2. A good friend never offends.
   좋은 친구는 결코 예의를 벗어나지 않는다.

3. A judicious friend is better than a zealous.*
   사려분별이 있는 친구는 열광적인 친구보다 낫다.

4. Company in misery makes it light.*
   불행할 때 친구는 불행을 가볍게 한다.

5. A faithful friend is an image of God. (G)
   충실한 친구는 신(神)의 모습(像)이다.

6. Better be alone than in bad company.
   나쁜 친구와 교제하기보다 혼자 있는 것이 더 낫다.

7. Better one true friend than a hundred relations.
   백 명의 친척보다 한 명의 진실한 친구가 더 낫다.

8. Better foes than hollow friends.*
   속이 빈(불성실한) 친구보다 적이 낫다.

9. A faithful friend is the medicine of life. (Apocry)
   충실한 친구는 인생(생명)의 약과 같다.

10. One God, one wife, but many friends. (Dut)
    한 분의 신(神), 한 명의 아내, 그러나 많은 친구가 있어야 한다.

11. Better to abide a friend's anger than a foe's kiss.
    적의 키스보다 친구의 분노를 견디는 것이 낫다.

12. A merry companion is a waggon in the way.* (Lat)
    유쾌한 친구는 길의 마차와 같다.

* 3. It is good friend who applauds me behind.
     뒤에서(안보이는 곳) 나를 칭찬하는 이는 좋은 친구다.
* 4. Company in distress makes sorrowless.
* 8. May god defend me from my friends, I can defend myself from my enemies.
     잘못된 친구는 적보다 더 해롭다.
* 12. A merry companion is music in a journey.
      A good company is a good coach.

friend

1. They are rich who have true friends.*
   참다운 친구를 가진 사람이 부자이다.

2. To a friend's house the road is never long.
   친구의 집까지는 길이 멀지 않다.

3. A friend's frown is better than a foe's smile.
   친구의 눈살 찌푸림은 적의 미소보다 더 낫다.

4. A true friend is forever a friend.
   진실한 친구는 영원한 친구이다.

5. There are no friends at cards or world politics.
   노름과 국제정치엔 친구란 없다.

6. A friend? A single soul dwelling in two bodies. (Gk)
   친구? 두 육체 속에 거주하는 한 영혼(마음).

7. An untried friend is like an uncracked nut. (Russ)
   시험해 보지 않은 친구는 아직 부서지지 않은 견과(열매)와 같다.

8. Fate chooses your relations, you choose your friends.*
   친척은 운명이 선택하지만, 당신의 친구는 자신이 선택한다.

9. He makes no friend who never make a foe. (Tennyson)
   적(敵)이 없는 사람은 친구도 없다.

10. Old tunes are sweetest and old friends are sweetest.*
    오래된 가락이 가장 듣기 좋고, 오래된 친구가 가장 달콤하다.

11. Prosperity makes friends and adversity tries them. (Lat)
    번영은 친구를 만들고, 역경은 그들을 시험한다.

12. It's good to have some friends both in heaven and hell.
    천국과 지옥 양쪽에 약간의 친구를 갖는 것이 좋다.

* 1. Those who have true friends are rich.
* 8. Fate makes relatives, but choice makes friends. (F)
* 10. Old tunes and old friends are sweetest.

friend

① Good company on the road is the shortest cut.
길에서 좋은 친구는 지름길이 된다.

② A new friend is better than a far-dwelling kinsman.
새친구는 멀리 사는 친척보다 낫다. 먼 친척보다 가까운 이웃이 낫다.

③ May God not prosper our friend that they forget us. (Sp)
옛친구를 잊는 자들을 신(神)은 번영시키지 않을 것이다.

④ Make new friends, but don't forget the old ones. (Yid)
새로운 친구를 사귀라, 그러나 옛 친구를 잊지 마라.

⑤ When fortune is fickle, the faithful friend is found. (Lat)
운명이 변덕스러울 때 충실한 벗이 발견된다.

⑥ Choose your friends like your books - few but choice.
그대의 책처럼 친구를 선택하라 - 선택에선 다만 소수를.

⑦ A man knows his companion in a long journey and in a little inn.
사람은 긴 여행과 작은 여인숙에서 그의 친구를 알 수 있다.

⑧ Keep company with good men and good men you'll learn to be. (Chin)
착한 사람과 친구가 되거라, 그러면 그대는 착한 사람이 될 것이다.

⑨ Be slow in choosing a friend, but slower in changing him.
친구를 선택함에 있어서 천천히, 그러나 바꿈에는 더 천천히 하라.

⑩ Admonish your friends in private ; praise them in public. (It)
사적으로 너의 친구를 일깨워 주고, 공중앞에서 그들을 칭찬하라.

⑪ There are three faithful friends ; an old wife, an old dog and ready money. (Benjamin Franklin)
세 충실한 친구가 있는데, 늙은 아내, 늙은 개 그리고 현금이다.

⑫ The friendship of a man is often a support ; that of a woman is always a consolation.
남자의 우정이란 흔히 도움을 얻을 수 있는 것이고, 여인의 우정이란 항상 위안이 되는 것이다.

friend, fidelity, sincerity

1. As a wolf is like a dog, so is a flatter like a friend.
   늑대(이리)가 개를 닮은 것같이 아첨자도 친구와 닮았다.

2. Be blind to the failings of your friends, but never to their vices.
   그대 친구의 약점(결점)에 대해 장님이 되라, 그러나 그들의 악(비행)에 대해선 결코 장님이 되지 마라.

3. Fidelity ennobles even servitude.
   충실(성실)은 노예(예속)조차 고상하게 한다.

4. It's better to be faithful than famous.
   유명하기보다 성실(충실)한 것이 낫다.

5. Prosperity asks for fidelity ; adversity exacts it. (Lat)
   번영은 성실을 요구하며, 역경은 이것을 강요한다.

6. Fidelity gained by bribes is overcome by bribes. (Lat)
   뇌물에 의해 얻어진 성실(충실)은 뇌물에 의해 정복된다.

7. Sincerity gives wings to power.
   성실(정직)은 권력(힘)에 날개를 단 것 같다.

8. Sincerity is the way to heaven.
   성실은 천국에 오르는 길이다.

9. Sincerity moves heaven.
   성실은 하늘을 움직인다 ; 지성이면 감천이다.

10. The sincere alone can recognize sincerity.
    성실한 사람만이 성실을 인식할 수 있다.

11. Constant dropping wears the stone.*
    부단한 물방울이 바위를 뚫는다 ; 낙수(적수)천석(落水(滴水)穿石).

12. Constancy is the fountain of virtues. (Bacon)
    지조(절개)는 덕망(순결)의 샘터이다. 항심(恒心)은 항산(恒産).

*11. A constant dropping penetrates the stone.

effort, perspiration, enthusiasm, life

1. Efforts make all doors open.
   노력은 모든 문을 열게 한다.

2. No pains, no gains.*
   노력 없이 성취(소득) 없다 ; 고통이 없이는 얻는 것이 없다.

3. It is better to light one small candle than to curse the darkness. (Confucius)
   어두움을 저주 하느니보다 촛불이라도 켜는 것이 낫다.

4. Every production of genius must be the production of enthusiasm.
   천재의 모든 산물은 열정(노력)의 결실(산물)이다.

5. Genius is one percent inspiration and ninety-nine percent perspiration. (Edison)
   천재는 1%의 영감(靈感)과 99%의 노력(努力)으로 이루어진다.

6. Life is an empty dream.
   인생은 헛된 꿈과 같다.

7. Life is a pilgrimage.
   인생은 순례(인생 행로)와 같다.

8. Life is a battle. (Gk)
   삶(생활)은 전투(투쟁)와 같다.

9. Life is a perilous voyage. (Gk)
   인생은 위험한 여행과 같다.

10. Life is short and art is long.* (Gk)
    인생은 짧고 예술은 길다.

11. Live today, forget the past. (Gk)
    오늘 살고, 과거는 잊으라.

12. Life is made up of little things.*
    인생은 하찮은 것들로 구성되어져 있다.

* 2. No cross. no crown.
* 10. Life is short and time is swift.
  인생은 짧고 세월은 빠르다.
* 12. Life is a chain of little events.
  Life is full of ups and downs.
  인생은 새옹지마(塞翁之馬), 많은 부침(浮沈), 흥망성쇠(興亡盛衰)로 가득찼다.

life

① Such a life, such a death.
그러한 삶에 그러한 죽음.

② Life is a shuttle.* (Shakes)
인생은 베틀의 북(연속 왕복기)과 같다.

③ Live and learn.* (It)
살면서 배워라 ; 오래 살면 별일 다 겪는다.

④ To live at ease is not to live. (Lat)
쉽게(편하게) 사는 것은 사는 것이 아니다.

⑤ Life is too short to be little.
인생은 좁은 마음으로(작게) 살기에는 너무나 짧다.

⑥ Until death, it is all life. (Sp)
죽을 때까지 모든 것이 삶(생활)이다.

⑦ It is easy to live - hard to die.* (Yid)
살기는 쉬워도 - 죽기는 어렵다.

⑧ He lives long that lives well.
잘 사는 자가 오래산다.

⑨ A long life has long miseries.
오랜 생활에는 긴 불행이 따른다.

⑩ Life is nearer everyday to death. (Lat)
인생은 죽음에 대해 매일 더 가까워지고 있다.

⑪ Live as if you were to die tomorrow. (Lat)
마치 그대가 내일 죽는 것처럼 살아라.

⑫ Live not to eat but eat to live. (Lat)
먹기 위해서 사는 것이 아니라 살기 위해 먹어라.

* 2. Life is a loom weaving illusion.
삶은 환상(착각)을 짜는 베틀이다.
* 3. Live and let live.
세상은 서로 의지하고 살기 마련 ; 공생공영(共生共榮), 상생(相生)하라.
* 7. Life is hard by the yard, but easy by the inch.
인생행로는 큰 보폭으로 전진하면 어렵지만, 잔 걸음으로 나아가면 쉽다.

life

1. A short life and a merry one.
   짧은 인생, 즐거운 생활.

2. Life is a long lesson in humility.
   인생은 겸손을 배우는 긴 과정이다.

3. Life is in labor. (Russ)
   인생은 노동(일)하는데 있다.

4. Life is too short for mean anxieties.*
   인생은 하찮은(사소한) 걱정을 하기에는 너무나 짧다.

5. He that begins to live begins to die.
   살기 시작하는 자는 죽기 시작한다.

6. The principal business of life is to enjoy it.
   인생의 중요한 일이란 인생을 즐기는 것이다.

7. Life is a voyage that's homeward bound. (Melville)
   인생은 귀향(歸鄕)하는 항해와 같다.

8. Life is but a dewdrop on the lotus leaf. (Tagore)
   인생은 연꽃잎 위의 이슬방울에 불과하다. 초로인생(草露人生)

9. Variety is the very spice of life that gives it all its flavor.* (Cowper)
   다양함은 인생에 온갖 맛(운치)을 주는 바로 삶의 양념이다.

10. Life is a stage, so learn to play your part. (Gk)
    인생은 무대와 같다. 그러므로 너의 역할(배역)을 연기하도록 배워라.

11. Life holds more disappointment than satisfaction. (Gk)
    인생은 만족보다 실망이 더 많다.

12. He is master of another's life who slights his own. (It)
    그 자신의 생명을 가볍게 여기는 자는 다른 사람의 생애의 주인이다.

* 4. Life is too short to be little.
* 9. Variety is the spice of life.
  다양함은 인생(삶)의 양념이다 ; 사람은 똑같은 일에 싫증나기 쉽고 새로운 일에 흥미를 갖기 쉽다.

life

1. The worst life is better than the best death. (Yid)
   가장 나쁜 생활이 가장 좋은 죽음보다 낫다.

2. We live, not as we wish, but as we can. (Gk)
   우리들은 우리가 원하는대로가 아니라, 우리가 할 수 있는대로 산다.

3. Life is half spent before we know what it is.
   인생이란, 우리가 인생이 무엇인지 알 때에 그 반(半)이 지나간다.

4. Choose the best life, habit will make it pleasant. (Gk)
   가장 좋은 생활을 택하라, 습관은 좋은 생활을 유쾌하게 할 것이다.

5. Life is a kind of sleep ; old man sleep longest. (F)
   생활은 일종의 잠과 같다. 노인은 가장 오래 잔다.

6. The dead to the grave and the living to the loaf. (Sp)
   죽은 자(死者)에겐 무덤, 산 자(裸者)에겐 빵(식량)을.

7. This life is but an inn, and we are the passengers.
   이 세상(인생)은 다만 여인숙에 불과하고 우리들은 나그네이다.

8. I wept when I was born, and everyday shows why.
   태어났을 때 나는 울었는데 일상생활이 그 이유를 보여준다.

9. It is not how long, but how well we live.
   얼마나 오래 살 것인가가 아니라, 어떻게 잘 살 것이냐가 중요하다.

10. Life is short to the fortunate, long to the unfortunate.
    인생(생활)은 행운의 사람에게는 짧지만 불행한 사람에게는 길다.

11. The secret of life is not to do what you like, but to like what you do.
    인생의 비결은 당신이 좋아하는 것을 하는 것이 아니라, 당신이 하는 것을 좋아하는 것이다.

12. Art is long, life short ; judg(e)ment difficult, opportunity transient. (Goethe)
    예술은 길고 인생은 짧다. 판단은 어렵고 기회는 순간적(눈 깜짝할 사이)으로 지나간다.

life, solitude, loneliness, confidence

① As a man lives, so shall he die ; as a tree falls, so shall it lie.
인생은 살아온 것처럼 그렇게 죽으며, 나무가 쓰러지는 것처럼 그렇게 가로 누울 것이다.

② A man should live only so long as he can support himself. (Yid)
사람은 그 자신이 자신을 지탱할 수 있을 만큼만 오래 살아야 한다.

③ He who lives a long life must pass through much evil. (Sp)
오랜 세월 사는 자는 많은 악을 거쳐야 한다 ; 오래 살다보면 험한 일을 많이 겪는다.

④ Solitude is within us. (F)
고독은 우리들 안에 있다.

⑤ Solitude is the best nurse of wisdom.
고독은 지혜의 가장 좋은 보모(유모)이다.

⑥ A great city, a great solitude.
큰 도시(都市), 고독한 군중 ; 군중(群衆)속의 고독(孤獨).

⑦ A solitary man is either a brute or an angel. (It)
외로운 사람(고독한 자)은 짐승(야수)이거나 천사중 하나이다.

⑧ The lonely man is at home everywhere. (Russ)
외로운 사람은 어느곳이든지 마음 편하다.

⑨ They are never alone that are accompanied with noble thoughts.*
고상한 사상(생각)과 함께 있는 자는 결코 외롭지 않다 ; 덕불고필유린(德不孤必有隣).

⑩ The strongest man in the world is he who stands alone. (Ibsen)
세상에서 가장 강(强)한 자는 홀로 서 있는 자(孤獨한 者)이다.

⑪ Confidence begets confidence. (Lat)
자신은 자신(自信)을 낳는다.

⑫ Confidence is a plant of slow growth.*
자신(自信)은 성장이 느린 식물이다.

*9. Those who live with noble thoughts may have good neighbors.
*12. Conviction is the conscience of the mind.
확신은 마음의 양심이다.

self-trust, confidence, pride

① Self-trust is the first secret of success. (Emerson)
자신을 믿는 것(自信感)은 성공의 제일 비결이다.

② Self-trust is the essence of heroism.*
자기 신뢰는 영웅적 자질의 핵심(본질)이다.

③ They conquer who believe they can. (Lat)
할 수 있다고 믿는 자는 정복한다.

④ Self-confidence is the first requisite to great undertakings.*
자신(自信)은 위업(偉業)의 제일 필수 조건(要素)이다.

⑤ Confidence does more to make conversation than wit. (F)
자신감은 기지(재치)보다 대화(對話)에 더 많은 것을 준다.

⑥ He conquers twice who conquers himself in victory. (Lat)
자기 자신을 통제(정복/克己)하는 자는 두 번 승리하는 자이다.

⑦ Confidence should arise from beneath, and power descend from above. (F)
자신(自信)은 아래(內面)에서 생기며, 힘(권력)은 위(外部)로부터 내려온다.

⑧ He is strong who conquers others ; he who conquers himself is mighty.* (Lao-Tsze)
다른 사람을 정복하는 자는 강하지만, 그 자신을 정복(극복)하는 자는 더 강하다.

⑨ Pride feels no cold.
자만(긍지)은 추위를 못느낀다.

⑩ Pride is the cause of all woe.
자만(오만)은 모든 슬픔의 원인이다.

⑪ Pride may lurk under a threadbare cloak.
긍지(자존심)는 초라한 외투 속에 숨어 있다.

⑫ Pride is the mask of one's own faults. (Heb)
자만은 자신의 결점(단점)의 탈(가면)이다.

* 2. Show boldness and aspire to confidence.
  용기를 보여주고 자신을 가져라.
* 4. You can do very little with faith, but you can do nothing without it.
  신념을 갖고 할 수 있는 것은 많지 않다. 그러나 그것 없이는 아무것도 할 수 없다.
* 8. He is most powerful who has power over himself. (Seneca)
  자신을 극복하는 힘(극기)을 가진 자가 가장 강한 자이다.

pride, ambition, aspiration

① Pride goes before, shame follows after.
자만(거만)이 앞에 가면 수치가 뒤따른다.

② Pride and grace dwell never in one place.
교만(자만)과 고상함은 결코 한곳에 같이 있지 못한다.

③ Pride is at the bottom of all great mistakes.
자만은 모든 큰 과오의 기초(근본)이다.

④ Pride and conceit were the original sin of man. (F)
자만과 자부심은 인간의 원죄(原罪)이다.

⑤ A man may be poor in purse, yet proud in spirit.
인간은 살림(돈지갑)이 궁색(빈약)할지라도 정신(기백)은 자랑(자만)할 만하다.

⑥ Pride goes before destruction, and a haughty spirit before a fall.* (O. Test)
자만은 파멸 앞에 가며, 오만한(거만한) 마음은 몰락 앞에 간다.

⑦ Aspiration is achievement.
포부(야심)는 성취(성공)이다.

⑧ Hitch your wagon to a star. (Emerson)
그대의 마차를 별에다 붙들어 매어라 ; 야망을 품어라.

⑨ Ambition destroys its possessor. (Heb)
야망은 그 소유자를 파멸시킨다.

⑩ He that stays in the valley shall never get over the hill.
계곡에 머물러 있는 자는 결코 언덕위를 넘지 못할 것이다.

⑪ Nothing humbler than ambition, when it is about to climb.
야망이 출세하려 할 땐 야심보다 더 겸손한 것도 없다.

⑫ Would you rise in the world, veil ambition with the forms of humanity. (Chin)
세상에서 출세(승진)하려면 인간성을 지닌 야심을 가져라.

* 6. Pride goes before a fall.
자만(교만)은 몰락(파멸)을 가져온다 ; 거만한 사람은 곤경(재난)에 빠지기 쉽다.

inspiration, dream, riches

① I would rather be the first man here than the second at Rome. (Caesar)
나는 로마에서 둘째가는 사람보다 이 마을에서 첫째가는 사람이 되겠다.

② To love the beautiful, to desire the good, to do the best. (Mendelssohn)
아름다움(美)을 사랑하는 것, 선(善)한 것을 갈망하는 것, 최상(최선)의 것을 하는 것 - 인생의 목표다.

③ Ninety percent of inspiration is perspiration.
영감의 90%는 땀(努力)이다 ; 좋은 생각은 대부분 노력에서 얻어진다.

④ Dreams go by contraries.*
꿈은 반대로 된다.

⑤ All men of action are dreamers.
모든 행동가는 꿈꾸는 자이다.

⑥ The more a man dreams, the less he believes.
사람은 꿈을 많이 꿀수록 믿는 것이 적어진다.

⑦ Dreams are the touchstones of our characters. (H.D. Thoreau)
꿈은 우리들 인품(성격)의 시금석이다.

⑧ Invention breeds invention.
발명(창안)은 발명을 낳는다.

⑨ Necessity is the mother of invention.
필요는 발명의 어머니다. 어려운 문제에 직면하면 독창적인 방법이 생긴다.

⑩ Nothing is invented and perfected at the same time. (Lat)
어떤 것도 발명됨과 동시에 완전(완벽)하지 못하다. (완벽한 발명은 없다)

⑪ Riches have wings.
재물(돈)에는 날개가 있다.

⑫ Great wealth implies great loss. (Lao-Tsze)
큰 재산은 큰 손실을 내포하고 있다.

* 4. Morning dreams come true.
아침의 꿈은 실현된다.

riches, wealth, will

① Riches cover a multitude of woes. (Gk)
재물은 수많은 고통(비애)을 안고 있다(가리고 있다).

② Riches oft bring harm and ever fear.*
부(재산)는 종종 손해(損害)를 가져오며 언제나 두려움을 가져온다.

③ Riches either serve or govern the possessor.* (Lat)
재산(富)은 소유자에게 봉사하거나 그를 지배한다.

④ To gain wealth is easy ; to keep it, hard. (Chin)
재산을 얻는 것은 쉽다. 그러나 이를 간직하기란 어렵다.

⑤ Virtue and riches seldom settle on one man. (It)
덕망과 부(재산)는 한 사람에게만 내려지지 않는다.

⑥ Wealth is not his who has it, but his who enjoys it. (It)
재산은 가진 자의 것이 아니고 그것을 즐기는 자의 것이다.

⑦ A man's will moves heaven.*
인간의 의지는 하늘도 움직인다 ; 지성이면 감천이다(至誠感天).

⑧ He who will do does more than he can.* (Port)
하려는 사람은 할 수 있는 사람보다 더 많은 것을 한다.

⑨ A man's will is his heaven. (Dan)
사람의 의지(決意)는 그의 하늘에 있다.

⑩ Nothing is troublesome that we do willingly.
우리가 기꺼이 하려는 것은 어떤 것도 고통스럽지 않다.

⑪ When the will is ready, the feet are light.* (F)
의지(決意)가 준비되어 있을 때 발(걸음)은 가볍다.

⑫ The education of the will is the object of our existence. (Emerson)
의지의 교육이 우리들 존재의 목적이다.

* 2. Riches breed care, poverty is safe.
　　부자는 불안하고 가난한 이는 편안하다.
* 3. Riches serve wise men, but command a fool. (F)
* 7. A tender heart ; a will inflexible. (W. Longfellow)
　　부드러운 마음, 그러나 의지는 굽혀서는 안된다 ; 불굴의 의지(意志).
* 8. Nothing is impossible to a willing heart. (John Heywood)
　　스스로 하려는 마음에는 불가능이 없다.
* 11. A willing heart adds feather to the heel.
　　기꺼이 하려는(자진하는) 마음은 발뒤꿈치에 날개를 다는 것과 같다.

will, intention, power

① The will is the man.*
의지는 곧 그 사람이다.

② Will is no skill.
의지(뜻)는 기술이 아니다 ; 어떤 일을 의지만으로 할 수 없다.

③ Where there's a will, there's a way.
뜻(의지)이 있는 곳에 길(방법)이 있다 ; 유지사성(有志事成).

④ Good intentions are solaces in misfortune. (Lat)
좋은 의도(계획)는 불행할 때의 위로(위안물)이다.

⑤ Might is right.
힘이 정의다.

⑥ Increase of power begets increase of wealth.
힘(권력)의 증가(증대)는 부(재산)의 증대를 낳는다.

⑦ Lust of power is the strongest of all passions. (Lat)
권력(힘)의 욕망은 모든 욕망중에서 가장 강한 것이다.

⑧ A partnership with the powerful is never safe. (Lat)
능력있는 자와의 협력(공동)은 결코 안전하지 못하다.

⑨ If you would be powerful, pretend to be powerful.
만약 그대가 권력이 있으려면 힘이 있는 것처럼 가장하라.

⑩ Power acquired by guilt was never used for a good purpose. (Lat)
불의(不義)에 의해서 얻은 힘(권력)은 결코 좋은 목적에 사용되지 못한다.

⑪ Power goes before talent. (Dan)
힘은 재능을 앞서 간다.

⑫ Unlimited power corrupts the possessor.*
무한한 힘(권력)은 소유자를 부패시킨다. 절대권력은 절대부패.

* 1. His mind is his kingdom, and his will his law. (William Cowper)
마음은 그의 왕국, 의지는 그의 법률.
* 12. The greater the power, the more dangerous the abuse.
힘(권력)이 클수록 악용(오용)의 위험은 더 크다.

understanding, health

1. No one knows what he can do till he tries. (Lat)
   아무도 그가 시도(노력)해 보기까지는 그가 무엇을 할 수 있는지 모른다.

2. What is not understood is always marvelous. (Lat)
   이해되지 않는 것은 언제나 신기하다.

3. What we do not understand we do not possess. (Goethe)
   우리가 이해하지 못하는 것은 소유 하지 못한다.

4. Understanding is the most important matter in everything.
   이해(理解)는 모든 일에 있어서 가장 중요한 것이다.

5. There is rarely a good understanding between a daughter- in-law and her husband's mother.
   며느리와 시어머니 사이엔 좋은 이해가 있기 드물다.

6. A cool head and warm feet live long.
   머리는 차게, 발은 따뜻하게 하는 것이 오래 살게 한다.

7. Before supper walk a little, after supper do the same.* (Lat)
   저녁 먹기 전에 조금 걷고, 저녁 먹은 후에도 조금 걸어라.

8. Clothe warm, eat little, drink well, so shall you live.
   따뜻하게 옷을 입고, 조금 먹고, 잘 마셔라, 그러면 오래 산다.

9. Diet cures more than doctors.
   규정식은 의사보다 더 많이 치료한다.

10. Early to bed and early to rise makes a man healthy, wealthy, and wise. (Franklin)
    일찍 자고 일찍 일어나는 것은 사람을 건강하고, 부유하고, 현명하게 한다.

11. Feet and head keep warm, the rest will take no harm.
    머리와 발을 따뜻하게 유지하라, 나머지는 해롭지 않을 것이다.

12. Good wife and health is man's best wealth.
    착한 아내와 건강은 사내의 최고의 재산이다.

*7. Before dinner sit a while, after supper walk a mile.

health

① Health and wealth create beauty.
건강과 재산은 아름다움을 창조한다.

② Health is better than wealth.*
건강은 재산보다 더 낫다.

③ A sound mind in a sound body. (Lat)
건강한 육체 속에 건전한 정신이 깃든다.

④ He who has good health is young.
좋은 건강을 유지하고 있는 사람은 젊다.

⑤ Health is not valued till sickness comes.*
건강은 병이 들어야 그 가치를 알 수 있다.

⑥ Guard the health both of body and of soul. (Gk)
육체와 정신의 건강을 지켜라.

⑦ Health and cheerful beget each other.*
건강과 기분좋음(유쾌함)은 서로서로를 낳는다(가져다 준다).

⑧ He who never was sick dies the first.
결코 한번도 아프지 않은 사람이 제일 먼저 죽는다.

⑨ He who wants health wants everything. (F)
건강을 필요로 하는 사람은 모든 것을 필요로 한다.

⑩ Good health and good sense are two great blessings. (Lat)
좋은 건강과 양식(良識)은 두 개의 큰 축복이다.

⑪ To the well man, every day is a feast. (Turk)
건강한 사람에게는 모든 날(매일)이 축제(잔치)이다.

⑫ When you are well, keep as you are. (F)
그대가 건강할 때 현재의 그대처럼 유지하라.

* 2. Health is above wealth.
* 5. It is not until we got ill that we know how valuable health is.
  (It's not until we lost it that we realize the value of health).
  병이 난 후에야 건강의 소중함을 안다.
* 7. The health produces the pleasure, the pleasure produces the health.
  건강은 기쁨을, 기쁨은 건강을 낳는다.

health, silence, sublime, wish

1. Study sickness while you are well. (G)
   그대가 건강할 때 병(病)에 대해 연구하라.

2. Health is mother of happiness.
   건강은 행복의 어머니.

3. The first property is the health. (Emerson)
   첫째가는 재산은 건강이다.

4. Proper rest and good sleep contribute to good health & long life.
   적당한 휴식과 수면은 건강과 장수에 기여한다.

5. Rise at five, dine at nine ; sup at five, to bed at nine. (F)
   다섯시에 일어나고 아홉시에 식사를 하라. 다섯시에 저녁먹고 아홉시에 잠자리에 들라.

6. Joy and temperance and repose slam the door in the doctor's nose. (Longfellow)
   즐거움, 절제와 휴식(안정)은 의사의 면전에서 문을 쾅하고 닫는 것이다.

7. A healthy body is the guest chamber of the soul ; a sick, its prison. (Bacon)
   건강한 육체는 영혼(정신)의 손님방(사랑방)이며, 아픈 몸은 그것의 감옥소와 같다.

8. He who is silent, gathers stones.
   말없는 사람이 옥석을 모은다.

9. Speech is silver, silence is golden.
   웅변은 은(銀)이요, 침묵은 금(金)이다 ; 때때로 말없이 침묵하는 것이 웅변보다 낫다.

10. From the sublime to the ridiculous is but a step.
    숭고(장엄)한 것에서 하찮은 것(우스운) 사이는 한 걸음 차이다 ; 바보와 천재는 종이 한장 차이.

11. The wish is father to the thought.
    소망은 생각의 아버지 ; 어떤 것이 실현되기를 바라면 언젠가 그렇게 되리라 믿게 된다.

12. If wishes were horses, beggars would ride.
    소원이 말이라면 거지도 탈 수 있다 ; 소원하는 것마다 무엇이든 얻는다면 모두가 부자가 된다.

가을 Autumn

I. 시간·인간(남·여)

time

① Time is gold.
시간은 황금과 같다.

② Time is the best counsellor.*
시간은 가장 좋은 상담자다.

③ Time brings everything.* (Gk)
시간은 모든 것을 가져온다.

④ Time once lost is lost forever.*
한 번 잃은 시간은 영원히 잃는다.

⑤ Time passes like the wind.*
시간은 바람처럼 지나간다.

⑥ Any time is no time.
어느 때라도 할 수 있다는 생각은 오히려 하지 못하는 것이 된다.

⑦ A stitch in time saves nine.
제때의 한 바늘은 나중에 아홉 바늘의 수고를 던다 ; 지금 조치를 취하면 나중에 큰 문제를 피하게 된다.

⑧ As time hurts, so does time cure.*
세월(시간)이 상처를 낸 것처럼 그렇게 세월(시간)이 치료한다.

⑨ By losing present time we lose all time
현재 시간을 잃음으로 해서 우리는 모든 시간을 잃는다.

* 2. Time is the greatest teacher. 시간은 위대한 교사이다.
* 3. Time brings everything to those who can wait for.
* 4. An inch of gold will not buy an inch of time.
  1인치의 금으로 1인치의 시간을 살 수 없다 ; 낭비된 시간은 무엇으로도 되돌릴 수 없다.
* 5. Take time by the forelock. Time flies like an arrow.
  기회의 앞머리를 잡아라 ; 기회를 놓치지 마라. 현재를 이용하라, 과거는 바꿀 수 없다.
* 8. Time is an herb that cures all diseases.
  Time is the best doctor. (Yid)   Time is the great healer.

time

⑩ A little time is enough to hatch a great mischief.
짧은 순간에도 큰 실수를 하기에 충분하다.

⑪ And, departing, leave behind us footprints on the sands of time. (Longfellow)
떠날 때는 시간의 모래위에 우리들의 발자국을 남길 수 있음을.

⑫ Footprints in the sands of time are not made by sitting down.
시간의 모래 위의 발자국(업적)은 앉아서 된 것이 아니다 ; 큰 업적(성취)은 많은 활동에 기인한다.

time

1. He who gains time gains everything.
   시간을 얻는 자는 모든 것을 얻는다.

2. Make use of time if you love eternity.*
   만약 영원함을 사랑하면 시간을 활용(이용)하라.

3. Time is the herald of truth.* (Lat)
   시간은 진리(진실)의 전령관(使者)이다.

4. Time and chance reveal all secrets.*
   시간과 기회는 모든 비밀을 드러낸다.

5. Time is God's, not ours. (Dut)
   시간은 신의 것이지 우리들의 것이 아니다.

6. He that has most time has none to lose.*
   가장 많은 시간을 가진 자는 잃을 것이 없다.

7. Nothing is so dear and precious as time.* (F)
   어느 것도 시간만큼 비싸고 귀중하지 않다.

8. There is a time for all things.* (O. Test)
   만물(萬事)을 위한 시간(때)이 있다.

9. Time and tide wait for no man.
   시간과 조수는 사람을 기다리지 않는다 ; 해야 할 중요한 일이 있으면 즉시 그 일을 하라.

10. There is a time to fish and a time to dry nets.* (Chin)
    낚시질 할 때와 그물을 말릴 때가 있다.

11. The happier the time, the more quickly it passes.* (Lat)
    시간이 즐거울수록 시간은 더 빠르게 지나간다.

12. Time is the measure of business, as money is of wares.
    돈이 물품의 척도(尺度)이듯, 시간은 사업의 척도(尺度)이다.

* 2. Those who make the worst use of time, most complain of its shortness.
  시간을 가장 잘 이용하지 못하는 자가 시간의 짧음을 가장 많이 불평한다.
* 3. Time is the father of truth.   * 4. Time discovers all things.
* 6. Those who make the worst use of time, most complain of its shortness.
* 7. Nothing is more precious than time, and yet nothing is less valued.
  시간만큼 귀중한 것도 없지만 시간만큼 존중되지 않는 것도 없다.
* 8. Everything has its time. 모든 것은 다 한 때가 있다 ; 메뚜기도 한 때.
* 10. There is a time to speak and a time to be silent a time to love, a time to die.
* 11. For the busy man time passes quickly.

time, marriage

① Time is money. (Gk)
시간은 돈이다.

② Time flies.("Tempus fugit") (Lat)
시간은 날아간다.

③ Timely blossom, timely ripe.
시기에 맞게 핀 꽃은 시기에 알맞게 익는다.

④ To choose time is to save time.
시간을 선택(定)하는 것이 시간을 버는(절약) 것이다.

⑤ To save time is to lengthen life.
시간을 절약하는 것이 생명(생활)을 연장하는 것이다.

⑥ Marriage is a lottery.
결혼은 복권과 같다.

⑦ First thrive and then wive.
먼저 융성해지고 그리고 결혼하라.

⑧ Marry a wife of your own degree.*
그대 수준의 아내와 결혼하라.

⑨ Marry first and love will follow.
먼저 결혼하라, 그러면 사랑이 뒤따를 것이다.

⑩ Marry for love and work for silver(siller).
사랑을 위해 결혼하고 은(돈)을 위해 일하라.

⑪ Love is often a fruit of marriage. (F)
사랑은 때로는 결혼의 과실(열매)이다.

⑫ Age and wedlock tame man and beast.*
세월(연령)과 결혼생활은 사람과 야수를 길들인다.

* 8. Let like mate with like. (Gk)
    Marry the like.
* 12. Winter and wedlock tame man and beast.

marriage

① Observe the mother and take the daughter. (Turk)
그 어머니를 관찰하고 나서 그 딸을 택하라.

② 'Tis love alone that can make our fetters please.
사랑만이 우리의 족쇄(shackls, 속박)를 즐겁게 한다.

③ He that marries for wealth, sells his liberty.
부(재산)를 위해 결혼한 자는 그의 자유(自由)를 팔아 먹는다.

④ Woman when they marry buy a cat in the bag. (F)
여성들은 그들이 결혼할 때 가방에 고양이를 사간다.

⑤ Don't praise marriage on the third day, but after third year. (Russ)
결혼한지 3일만에 결혼 생활을 칭찬말고 3년후에 하라.

⑥ Honest men marry quickly, but wise men not at all. (Sp)
정직한 사람은 빨리 결혼하지만 현명한 자는 결코 하지 않는다.

⑦ To marry once is a duty, twice a folly, thrice is madness. (Dut)
한 번 결혼하는 것은 의무이며, 두 번은 어리석음, 세번째는 광기다.

⑧ Go down the ladder when you marry a wife ; go up when you choose a friend. (Heb)
아내와 결혼할 땐 사다다리를 한계단 내려서고 친구를 선택할 땐 한계단 올라가라.

⑨ Keep your eyes wide open before marriage, and half shut afterwards. (Franklin)
결혼하기전에 그대 두 눈을 크게 떠라. 그리고 결혼 후엔 반쯤 감아라.

⑩ Marriage halves our griefs, doubles our joys and quadruples our expenses.
결혼은 우리의 슬픔을 절감시키고, 우리의 기쁨을 두배로 하고, 비용(경비)을 네배로 한다.

⑪ A good marriage should be between a blind wife and a deaf husband. (Montaignue)
훌륭한 결혼(생활)은 눈먼 아내와 귀머거리 남편 사이에 있다.

⑫ The marriage ceremony takes only an hour, but its troubles last a lifetime.* (Yid)
결혼식은 다만 한 시간이 걸리지만 그것의 고통은 일생동안 지속된다.

* 12. Marriage is easy, housekeeping is hard.
결혼은 쉬워도 가정을 꾸며나가는 것은 어렵다.

marriage

① Marriage is destiny.*
결혼은 숙명이다.

② Marriage is heaven or hell. (G)
결혼(생활)은 천국이거나 지옥이다.

③ Marriage makes or mars a man. (It)
결혼은 사람(남자)을 망쳐놓거나 사람되게 한다.

④ Marriage is an evil, but a necessary evil. (Gk)
결혼은 악(죄악)이다. 그러나 필요악(必要惡)이다.

⑤ Marry in haste, and repent at leisure. (Gk)
성급하게 결혼하라, 그러면 한가할 때 후회하리라.

⑥ The first bond of society is marriage. (Lat)
결혼은 최초의 사회계약이다.

⑦ Whichever you do, you will repent it. (Gk)
어느쪽을 택하든(결혼하든, 안하든) 그대는 후회하리라.

⑧ The only thing that can hallow marriage is love. (Tolstoy)
결혼을 신성하게 할 수 있는 유일한 것은 사랑이다.

⑨ Though women are angels, yet wedlock's the devil. (Byron)
여성들은 천사와 같지만 결혼(생활)에 있어서는 악마와 같다.

⑩ In marriage the husband should have two eyes, and the wife but one.
결혼생활에 있어서 남편은 두 눈을 가져야 하지만 아내는 다만 한 눈을 가져야 한다.

⑪ Marry your son when you will, your daughter when you can.
아들은 당신이 원할 때 결혼시키고, 딸은 당신이 시집보낼 수 있을 때 보내라.

⑫ When a couple are newly married, the first month is honeymoon, or smick smack ; the second is, hither and thither ; the third is thwick thwack ; the fourth, the devil takes them that brought you and I together.
한 쌍이 새로 결혼할 때, 첫달은 밀월이나 깨소금이고, 둘째달은 이쪽 저쪽 같고, 셋째달은 뺨을 치고 받기, 넷째달은 그대와 나를 함께 데려온 악마가 그들을 데려간다.

* 1. Marriages are written in Heaven.
　　 결혼은 하늘이 정해 놓은 것이다.

boy, brother, father

① Oh! how many torments lie in the small circle of a wedding ring.!
오, 결혼반지의 작은 원(圓) 속에 얼마나 많은 고통(고뇌)이 있는가!

② Don't throw out the baby with the bathwater.
목욕물과 함께 아이를 내버리지 말라 ; 목적을 성취하는 노력중에 중요한 세부사항을 간과하지 말라.

③ Boys will be men one day.*
소년은 언젠가 어른이 될 것이다.

④ Once a man twice a boy. (Lat)
한 번의 어른, 두 차례의 소년기; 노인은 제2의 소년(소녀).

⑤ One boy is more trouble than a dozen girls.*
한 소년은 열 명의 소녀보다 더 말썽을 부린다.

⑥ The sweetest roamer is a boy's young heart.
가장 즐거운 방랑자는 소년의 어린 마음이다.

⑦ When the boy is growing, he has a wolf in his belly. (G)
소년이 성장할 때 그는 뱃속에 늑대(왕성한 식욕)를 갖고 있다.

⑧ The younger brother has the more wit.
어린 동생이 더 많은 지혜를 갖고 있다 ; 나중 난 뿔이 우뚝하다.

⑨ A brother is a friend given by nature. (F)
형제는 자연에 의해 주어진 친구이다.

⑩ Our brothers keep careful accounts. (Chin)
형제들이라도 신중한 치부(置簿) (분명한 거래 관계)를 해야 한다.

⑪ Though they are brothers, their pockets are not sisters. (Turk)
그들은 형제이지만 그들의 돈주머니는 자매가 아니다.

⑫ It is a wise father that knows his own child.*
그 자신의 아들을 아는 아버지는 현명하다.

* 3. Naughty boys sometimes make good men.
  말썽꾸러기 소년이 때때로 훌륭한 어른이 된다 ; 야생마가 준마가 된다.
* 5. Boys will be boys.
  사내아이는 사내아이다; 아이들은 언제나 까불게(장난치게) 마련이다.
* 12. It is a wise child that knows its own father. (Homer)
  그 자신의 아버지를 아는 아들은 현명한 아들이다.

father

① Like father, like son.
그 아버지에 그 아들 ; 부전자전(父傳子傳).

② A frugal father has a dissolute(prodigal) son.
검소한 아버지는 방탕한 아들을 갖는다.

③ An ill father desires not an ill son.
나쁜 아비도 나쁜 아들을 바라지 않는다.

④ Honor thy father and thy mother. (O. Test)
그대 아버지와 어머니를 숭배(존경)하라.

⑤ He that honores his father shall have a long life. (Aprocry)
그 자신의 아버지를 존중하는 자는 오래 살리라.

⑥ A wise son makes a glad father. (O. Test)
현명한 아들은 아버지를 기쁘게 한다.

⑦ A miserly father makes a prodigal son.
인색한 아비는 낭비하는 아들이 되게 한다.

⑧ Father's virtue is the best heritage for his child.
아버지의 덕(德)은 아이를 위해 가장 좋은 유산이다.

⑨ Ask the mother if the child be like the father.
그 아이가 아버지를 닮았는지 어떤지를 어머니에게 물어보라.

⑩ The father, in praising his son, extols himself. (Chin)
그의 아들을 칭찬하는 아버지는 그 자신을 칭찬한다.

⑪ A father loves his children in hating their faults. (F)
아버지는 그들의 결점을 미워함에도 불구하고 그의 아들을 사랑한다.

⑫ A father's blessing can not be drowned in water nor consumed by fire. (Russ)
자식에 대한 아버지의 축복(기도)은 물에 빠지지도, 불에 타지도 않는다.

father, gentleman, husband

① One father is more than a hundred school masters.*
한 아버지는 백 명의 학교 선생님 이상이다.

② It is not a father's anger but his silence that a son dreads. (Chin)
아들이 두려워(무서워)하는 것은 아버지의 분노(성냄)가 아니라 그의 침묵이다.

③ A father maintains ten children better than ten children one father.*
열 명의 아들이 한 아버지를 부양하기보다 한 아버지가 열 명의 아들을 부양하는 것이 더 쉽다(낫다) ; 사랑은 내리사랑만 있지 치사랑은 없다.

④ Manners and money make the gentleman.
예절과 돈이 신사를 만든다.

⑤ A gentleman will do like a gentleman.
신사(紳士)는 신사처럼 행동할 것이다.

⑥ It is not the gay coat that makes a gentleman.
신사를 만드는 것은 화려한 코트(上衣)가 아니다.

⑦ It takes three generations to make a gentleman.
한 명의 신사가 되는데 삼대(世代)가 걸린다.

⑧ A gentleman without an estate is a pudding without oil.
재산 없는 신사는 기름없는 푸딩(서양식 생과자)과 같다.

⑨ A good wife makes a good husband.
훌륭한 아내는 훌륭한 남편을 만든다.

⑩ A good husband makes a good wife.
훌륭한 남편은 훌륭한 아내를 만든다.

⑪ A husband with one eye is rather than one son. (Sp)
애꾸눈의 남편이 아들보다 낫다 ; 악처가 효자보다 낫다.

⑫ In the husband wisdom, in the wife gentleness.
남편에게서 지혜, 아내에게서 온순(인자)함; 과거-엄부자모(嚴父慈母), 현재-자부엄모(慈父嚴母); 자(慈)부 엄(嚴)모 시대

* 1. One good mother is worth a hundred school teachers.
* 3. One father can support ten children, but ten children hardly one father.
내리사랑은 있어도 치(올라가는)사랑은 없다.

husband, grandfather, Jack, king

① A happy couple ; the husband deaf, the wife blind.
행복한 부부는, 귀머거리의 남편, 장님의 아내.

② The calmest husbands make the stormiest wives.
가장 조용한 남편은 노발대발하는 거센 아내가 되게 한다.

③ When the husband earns well, the wife spends well. (Dut)
남편이 돈을 잘 벌 때 아내는 돈을 잘 쓴다.

④ To know the husband, observe the face of the wife. (Sp)
남편을 알기 위해서는 아내의 얼굴을 들여다 보라.

⑤ The more a husband loves his wife, the more he increases her whims. (Chin)
남편이 그의 아내를 많이 사랑할수록, 그녀의 변덕(일시적인 기분)을 더 증가시킨다.

⑥ The more a wife loves her husband, the more she corrects his faults. (Chin)
아내가 그녀의 남편을 많이 사랑할수록, 그의 결함(단점)을 더 많이 고친다.

⑦ When the husband dies, the neighbors learn how many children he has.
남편이 죽었을 때 이웃사람은 그가 얼마나 많은 자식을 갖고 있는지를 알게 된다.

⑧ Teaching your grandfather to suck egg.*
할아버지께 달걀 빨아먹는 법 가르치기.

⑨ Every Jack must have his Jill.*
모든 잭(남자아이)은 그의 질(여자친구)이 있다 ; 헌 짚신도 짝이 있다.

⑩ A Jack of all trades is master of none.*
무엇이든 할 수 있는 사람에겐 뛰어난 재주가 없다 ; 다예는 무재(多藝는 無才).

⑪ Like king, like people.*
그 왕(지도자)에 그 신하(백성).

⑫ Kings that made laws first broke them.
법률을 만든 왕(王)이 먼저 그것들을 깨뜨린다.

* 8. Don't teach your grandmother to suck eggs.
경험이 많은 자에게 그 일의 방법을 말하지 말라.
To teach a fish how to swim. 공자 앞에서 문자 쓴다.
* 9. Jack shall have Jill.
* 10. Jack of all trade is of no trade.
* 11. Like prince, like people.

king, man

① The king never dies.
왕(통치기관)은 결코 죽지 않는다.

② Kings have long ears.*
왕은 긴 귀를 갖고 있다.

③ Every law is broken to become a king.
모든 법률은 왕이 되기 위해서는 깨뜨려진다.

④ A good king is a public servant.
훌륭한 왕(王)은 공복(公僕)이다.

⑤ Most men are bad. (Gk)
대부분의 사람은 나쁘다.

⑥ Man is to man a wolf. (Lat)
인간은 인간에 대해 늑대이다.

⑦ Man is a toadeating animal.
인간은 아첨하는 동물이다.

⑧ Man is a reasoning animal. (Lat)
인간은 이성(理性)의 동물이다.

⑨ Man is the creature of circumstances.
인간은 환경의 창조물(생물)이다.

⑩ A man is the child of his works. (Sp)
사람은 자신의 일의 아이(산물)이다.

⑪ Men work and think, but women feel.
남자는 일하고 생각하나 여자는 느낀다.

⑫ Men talk wisely but live foolishly.
사람(인간)은 현명하게 말하나 어리석게 살아간다.

* 2. Kings have long hands. (Lat)
Many eyes are upon the king.
왕은 많은 눈을 가지고 있다.

man

① Man is a gaming animal.* (Lamb)
　인간은 게임(노름)을 하는 동물이다.

② Man is Heaven's masterpiece.
　인간은 하늘의 걸작(품)이다.

③ Man is Nature's sole mistake.
　인간은 자연의 유일한 실패작이다.

④ Man is the bad child of the universe.
　인간은 우주(宇宙)의 악동(惡童)이다.

⑤ Man is a tool-making animal.
　인간은 연장(도구)을 만드는 동물이다.

⑥ Man is an animal that cooks his victuals.
　인간은 그의 음식(양식)을 요리하는 동물이다.

⑦ Man proposes and God disposes. (F)
　인간은 일을 계획하나 신이 성사(결정)시킨다.

⑧ Man has a wild beast within him. (G)
　인간은 내면에 야수(성)가 있다.

⑨ No man is born wise and learned.
　어떤 인간도 현명하고 박식(해박)하게 태어나지 않는다.

⑩ The greatest enemy to man is man.
　인간에게 가장 큰 적은 인간이다.

⑪ Nature revolves, but man advances. (Young)
　자연은 되풀이 되나, 인간은 진보(향상)한다.

⑫ Men make laws, women make manners. (F)
　남성은 법률을 만드나, 여성은 예절을 만든다.

　*1. Man is a thinking reed, thinking animal. (Pascal)
　　　생각하는 갈대, 생각하는 동물이다.

man, master

1. Men are blind in their own cause.
   인간은 그 자신의 주의(主義, 이유)에 있어서 맹목적이다.

2. Man is the only animal that spits.
   인간은 침을 뱉는 유일한 동물이다.

3. Man is the measure of all things. (Protagoras)
   인간은 만물의 척도이다.

4. The lot of man ; to suffer and to die. (Gk)
   사람의 팔자(운명)란 고통(병, 지배) 받고 죽는 것이다.

5. A man is one who is faithful to his word. (Sp)
   사람은 자신의 말(言語)에 충실한 존재이다.

6. A man is what he is, not what he was. (Sp)
   인간은 현재 그의 존재(인격)이지 과거의 존재(인격)가 아니다.

7. Modes and customs vary, but human nature is the same. (Chesterfield)
   양식(유행)과 풍습은 다르나 인간성은 똑같다.

8. Man is a machine which we put food and produces thought.
   인간은 음식물을 먹고 생각을 하는 기계이다.

9. Man is but a reed, the weakest in nature, but he is a thinking reed. (Pascal)
   인간은 다만 하나의 갈대, 자연중에서 가장 연약한 갈대와 같다. 그러나 그는 생각하는 갈대이다.

10. Like master, like man.*
    그 주인(主人)에 그 머슴(下人).

11. Early master, long knave.
    어린 나이에 주인이 된 사람은 오랫동안 악한이 된다.

12. Everyone is a master and a servant.
    누구나 주인이며 하인이다.

* 10. Such master, such man.
  Such mistress, such maid.
  그 여주인에 그 하녀.

master

① Masters' hints are commands. (It)
주인의 암시(힌트)는 명령과 같다.

② One master in a house is enough.*
한 집안에 한 주인이면 족하다.

③ A servant is known by his master's absence.
하인은 그의 주인의 부재(不在)에 의해 알 수 있다.

④ He that is a master must serve.
주인이 된 사람은 남을 섬겨야 한다(봉사해야 한다).

⑤ No man is his craft's master the first day.
아무도 첫날에 장인(匠人)이 되지 않는다 ; 첫술에 배부르랴.

⑥ In every art it is good to have a master.
모든 예술에서 대가(大家)가 있는 것은 좋은 일이다.

⑦ He can be ill master that never was scholar.
배우는 학생(학자)이 아니었던 사람은 결코 훌륭한 스승(주인)이 될 수 없다.

⑧ Masters should be sometimes blind and sometimes deaf.
주인은 때때로 장님이고 귀머거리가 되어야 한다.

⑨ Masters are mostly the greatest servants in the house.
주인은 그 집의 가장 큰 머슴이다 ; 사람부리는 것이 어렵다.

⑩ One eye of the master's sees more than ten of the servants.
주인의 한 눈은 하인의 열 눈보다 더 많이 본다.

⑪ The master's eyes and foot are the best manure for the field.*
주인의 눈과 발은 들판에서 가장 좋은 비료이다.

⑫ A servant that is diligent, honest, and good must sing at his work like a bird in the wood.
착하고 정직하고 부지런한 하인은 숲속의 새처럼 일을 할 때 노래 한다.

*2. No man can serve two masters.
아무도 두 주인을 섬길 수 없다.

*11. The master's footsteps fatten the soil.
주인의 발자국은 땅을 살찌게 한다.

prince, lord, son

① Of a new prince, new bondage.
새로운 군주에게 새로운 구속(속박).

② The vices of a prince draw shoals of followers.
군주의 악덕은 많은 추종자(수행자)를 끌어당긴다.

③ Many lords, many laws.
많은 주인(군주)에 많은 법칙(계율).

④ New lords, new laws.
새로운 군주에, 새로운 법률(규칙) ; 주인이 바뀌면 규칙도 바뀐다.

⑤ Like father, like son.*
그 아버지에 그 아들 ; 부전자전(父傳子傳).

⑥ A son pays his father's debts. (Chin)
아들은 그 아버지의 부채를 갚는다.

⑦ Every man is the son of his own works. (Sp)
모든 사람은 자신의 일의 아들이다(얽매인다).

⑧ The son disgraces himself when he blames his father. (Chin)
아들이 그의 아버지를 비난하는 것은 그 자신을 망신시키는 것이다.

⑨ A lame mule and a stupid son have to endure everything. (Sp)
절름발이 노새와 멍청한 아들은 모든 것을 참아야 한다.

⑩ A son who marries gives his wife a contract and his mother a divorce. (Yid)
결혼한 아들은 그의 아내와 약혼(약정)을 하나 그의 어머니와는 별거(절연)해야 한다.

⑪ A wise son makes a glad father ; but a foolish son is the heaviness of his mother. (O. Test)
현명한 아들은 아버지를 기쁘게 하나, 어리석은 아들은 그의 어머니의 슬픔(우울)이다.

⑫ My son is my son till he has got him a wife ; but my daughter's my daughter all the days of her life.
나의 아들은 그가 아내를 맞을때까지만 아들이다. 그러나 나의 딸은 일생 나의 딸이다.

* 5. Like prince, like people.
그 왕자에 그 신하.

bride, daughter, girl

1. A bonny bride is soon kissed. (Scot)
   예쁜(토실토실) 신부는 곧(쉽게) 키스당한다.

2. The weeping bride makes a laughing wife. (G)
   우는 신부는 웃는 아내가 된다.

3. At the wedding feast the least eater is the bride. (Sp)
   결혼식 때 가장 적게 먹는 사람은 신부이다.

4. A diamond daughter turns to glass as a wife.
   다이아몬드 같은 딸은 아내로서 유리와 같은 여자가 된다.

5. An undutiful daughter will prove an unmanageable wife.
   불충실한(순종치 않은) 딸은 다루기 어려운 아내가 된다.

6. A daughter marrid is always a daughter lost. (Sp)
   결혼한 딸은 잃어버린 딸이다.

7. A girl draws more than a rope. (Sp)
   한 소녀는 밧줄보다 더 많은 것을 끌어당긴다.

8. It is no sin to look at a nice girl. (Russ)
   예쁜(멋진) 소녀를 쳐다보는 것은 죄가 아니다.

9. Dear to the heart of girls is their own beauty. (Ovid)
   소녀의 마음에 귀중한 것은 그들 자신의 아름다움이다.

10. A maid should be seen but not heard.
    아가씨(하녀)는 봐야지 듣기만 해서는 안된다.

11. Judge the daughter by the mother. (Lat)
    그 어머니를 보고 딸을 평가(판단) 하라.

12. The lucky man has a daughter for his first fruit.
    운 좋은 사람은 그의 첫 수확(과실)으로 딸을 갖는다 ; 첫 딸은 살림밑천이다.

daughter, lass, maid, maiden

① Daughters and dead fish are no keeping wares. (Scot)
딸과 죽은 물고기는 그릇(상품)에 유지(저장)하지 못한다.

② Two daughters and a back door are three stark thieves. (Scot)
두 딸과 뒷문은 순수한 세 도둑이다.

③ Who does not beat his daughters, will one day strike his knees in vain. (Turk)
그 딸을 때리지 않는 사람은 언젠가 헛되이 그의 무릎을 칠 것이다.

④ Glasses and lasses are brittle ware.*
유리와 소녀는 잘 부서지는 그릇(상품)이다.

⑤ He that loves glass without G, take away L and that's he.
glass(유리)에서 G 없앤 것, lass(아가씨)를 사랑하는 자는 L을 떼라, 그러면 곧 그 ass(바보, 당나귀)가 될 것이다.

⑥ A maiden's heart is a dark forest. (Russ)
한 소녀의 마음은 어두운 숲속과 같다.

⑦ She who scorns a man must die a maid.
남자를 경멸하는 여자는 처녀로 죽어야 한다.

⑧ The last suitor wins the maid.
마지막 구혼자가 처녀를 얻는다(차지한다).

⑨ Glass and a maid are ever in danger. (It)
유리와 소녀는 언제나 위험하다.

⑩ Maidens should be meek until they are married.
소녀는 결혼할 때까지 온순(순종)해야 한다.

⑪ A maiden with many wooers often chooses the worst.
많은 구혼자를 갖고 있는 아가씨는 종종 가장 못한 사람을 선택한다.

⑫ Maids want nothing but husbands. When they have them, they want everything.
소녀는 남편 이외에는 아무것도 원치 않는다. 그들이 남편을 가졌을 때 그들은 모든 것을 필요로 한다.

*4. Daughters are fragile ware.
딸은 깨지기 쉬운 그릇과 같다.

maid, mother

① A maid that laughs is half taken.
웃는 아가씨는 반 함락 되었다.

② Poor maids have more lovers than husbands.
가난한 소녀는 남편보다 더 많은 연인이 있다.

③ Maidens must be mild and meek, swift to hear and slow to speak.
소녀는 온순(상냥)하고 얌전해야 하며, 듣기에 민첩하고 말하기엔 늦어야 한다.

④ To win the mistress, first bribe the maid. (Lat)
여주인을 얻기 위해서 먼저 그 하녀를 뇌물로 매수하라.

⑤ Such mistress, such maid ; such master, such man.*
그 여주인에 그 소녀, 그 주인에 그 머슴.

⑥ Like mother, like daughter.
그 어미에 그 딸 ; 모전여전(母傳女傳).

⑦ No mother has a homely child. (Yid)
어느 어머니도 못생긴 아이를 갖고 있지 않다.

⑧ She spins well that breeds her children.
아이를 기르는 여자는 물레도 잘 짓는다.

⑨ A bustling mother makes a slothful daughter.* (Lat)
분주한(시끄러운) 어머니는 게으른(태만한) 딸이 되게 한다.

⑩ Better the child cry than the mother sigh.* (Dan)
어머니가 한숨 쉬는 것보다 아이가 우는 것이 낫다.

⑪ Mothers' darlings make milksop heroes.
어머니의 응석받이(귀염둥이)는 다만 겁쟁이(소심한) 영웅을 만든다.

⑫ A mother needs a large apron to cover her children's faults.
어머니는 그녀 아이들의 잘못을 감추기 위하여 큰 앞치마가 필요하다.

* 5. Such man, such mistress.
그 남자에 그 부인 ; 천생배필(天生配匹).
* 9 A light-heeled mother makes a heavy-heeled daughter.
발뒤꿈치가 가벼운(걸음이 빠른) 어미는 발뒤꿈치가 무거운 딸이 되게 한다.
* 10. A mother does not hear the music of the dance when her children cry. (G)
어머니는 그 자신의 아이가 울고 있을 때 무용 음악이 들리지 않는다.
A mother's heart is always with her children.
어머니의 마음은 항상 그녀의 자식에게 가 있다.

mother, mother-in-law, stepmother

① What is home without a mother ?
어머니가 없다면 집이 무슨 소용인가?

② Men are what their mothers make them.
인간은 그들의 어머니가 만든 사람이다.

③ Mother's love is ever in its spring.
어머니의 사랑은 영원한 사랑의 샘터와 같다.

④ Simply having children does not make mothers.
단순히 아이를 갖는 것만으로 어머니가 되게 하지 않는다.

⑤ Children are the anchors that hold a mother to life. (Gk)
어린이는 어머니를 생활케 하는 닻이다.

⑥ A mother's love will draw up from the depths of the sea. (Russ)
어머니의 사랑은 바다의 깊이로부터 끌어낼 수 있을 것이다.

⑦ The mother knows best whether the child is like the father.(or not)
어머니는 그 아이가 아버지를 닮았는지 아닌지를 가장 잘 안다.

⑧ Happy is she who marries the son of a dead mother.*
어머니가 돌아가신 아들과 결혼하는 여자는 행복하다.

⑨ One good mother is worth a hundred school teachers.*
훌륭한 어머니는 백 명의 선생님보다 낫다 ; 맹모의 삼천지교(孟母三遷之敎).

⑩ The husband's mother is the wife's devil. (G)
남편의 어머니(시어머니)는 아내에게 있어 악마와 같다.

⑪ The mother-in-law remembers not that she was once a daughter-in-law. (Sp)
시어머니는 그녀가 한 때 며느리였던 것을 기억하지 못한다. 개구리 올챙이적 생각 못한다.

⑫ There are as many good step-mothers as white ravens. (G)
좋은 계모는 흰까마귀 만큼 드물다.

* 8. Give up all hope of peace so long as your mother-in-law lives. (Lat)
그대의 시어머니(장모)가 살아있는 한 화평의 희망은 버려라.
Mother-in-law and daughter-in-law are storm and hail.
시어머니와 며느리는 폭풍우(비바람)과 우박과 같다.

* 9. Mencius' mother changed her environments three times for her son's education. (Mengtze)
One father is more than a hundred school masters.

stepmother, housekeeper, widow, wife

① A stepmother has a hard hand. (Dan)
계모는 거친(모진) 손을 갖고 있다.

② Everything is of use to a housekeeper.
모든 것이 가정주부에게 유용하다.

③ The fingers of the house wife do more than a yoke of oxen. (G)
가정주부의 손가락은 황소의 멍에보다 더 많은 것을 한다.

④ Widows are always rich.
과부는 언제나 부자다 ; 홀아비는 이(虱)가 3말, 과부는 은(銀)이 3말.

⑤ Marry a widow before she leaves mourning.
슬픔이 떠나기전에 과부와 결혼하라.

⑥ The rich widow's tears soon dry. (Dan)
부유한 과부의 눈물은 곧 마른다.

⑦ Better young widow than an old maid. (Yid)
늙은 처녀보다 젊은 과부가 낫다.

⑧ In the widow's house there's no fat mouse. (Turk)
과부의 집에는 살찐 쥐가 없다.

⑨ Easy-crying widows take new husbands soonest.
쉽게 잘 우는 과부는 새로운 남편을 빨리 맞이한다.

⑩ A rich widow weeps with one eye and laughs with the other. (Port)
부유한(돈 많은) 과부는 한 눈으로 울고 다른 눈으로 웃는다.

⑪ A light wife does make a heavy husband.
경솔한 아내는 말이 없는 남편이 되게 한다.

⑫ A man's best fortune or his worst is a wife.
아내는 남자의 최상의 행운(재산)이거나 최악의 것이다.

wife

① Good wife is worth gold.
좋은 아내는 황금만큼 가치가 있다.

② A cheerful wife is the joy of life.
유쾌한 아내는 생활의 즐거움이다.

③ Man's best possession is a loving wife.
남자의 최상의 소유는 사랑스런 아내이다.

④ A wife is not to be chosen by the eye only.
아내는 눈으로만 선택해서는 안된다.

⑤ A man without a wife, a house without a roof.
아내없는 남자, 지붕없는 집과 같다.

⑥ Grief for a dead wife lasts to the door. (It)
죽은 아내에 대한 슬픔은 문지방까지만 지속된다.

⑦ It's a sweet sorrow to bury a termagant wife.
우악스러운 아내를 땅에 묻는 것은 기분 좋은 슬픔이다.

⑧ A wife and a horse should not be loaned. (Yid)
아내와 말은 빌려주어서는 안된다.

⑨ A wife is good for the body but for the soul. (Yid)
아내는 정신보다 육체를 위해 좋다.

⑩ A good wife and health are man's best wealth.
착한 아내와 건강은 남자의 최고 재산이다.

⑪ A fair wife and a frontier castle breed quarrels.*
예쁜 아내와 국경(변방)의 성(城)은 싸움을 초래한다.

⑫ A fair wife without a fortune is a fine house without furniture.
재산이 없는 예쁜 아내는 가구(장식장)없는 멋있는 집과 같다.

*11. A rich wife is the source of quarrel.
돈 많은 아내는 분쟁의 씨앗이다.

wife

① A good wife is a good gift.* (Heb)
훌륭한 아내는 좋은 선물이다.

② The wife is the key of the house.
아내는 그 집의 열쇠이다.

③ As you would have a daughter, so choose a wife. (It)
갖고 싶은 딸처럼 그런 아내를 고르라.

④ Choose a wife on a Saturday rather than a Sunday.
일요일보다 토요일에 아내를 고르라; 화장하지 않았을 때 참 모습을 보라.

⑤ Who has a bad wife is poor in the midst of riches. (G)
나쁜 아내를 가진 자는 부유(재산)속에서도 가난하다.

⑥ Fire, water, and a bad wife are three great evils. (G)
불, 물, 나쁜 아내는 3대 악(惡)이다.

⑦ All are good maids, but whence come the bad wives?*
모두가 착한 처녀라면 어디서 나쁜 아내가 왔을까?

⑧ A virtuous wife rules her husband by obeying him.* (It)
유덕한(정숙한) 아내는 남편에게 복종함으로써 남편을 지배한다.

⑨ A vicious wife and an untoward sow no laws can govern. (Chin)
품행이 나쁜(부도덕한) 아내와 고집센 암퇘지는 어떤 법(法)으로도 다스릴 수 없다.

⑩ Who has a fair wife needs more than two eyes.
예쁜(미인) 아내를 거느리고 있는 사람은 두 개 이상의 눈을 필요로 한다.

⑪ A young wife should be in her house but a shadow and an echo. (Chin)
젊은 아내는 집에서 다만 (남편의) 그림자와 메아리이어야 한다.

⑫ Wives are young men's mistresses, companions for middle age, and old men's nurses. (Bacon)
아내는 젊은이의 애인, 중년 때 친구, 늙은이의 간호사이다.

* 1. Wife is a wine bottle.
* 7. All are good lasses, but(from) where come the bad wives?
* 8. A virtuous woman commands her husband by obeying him. (Lat)

wife

① Marry a wife of your own degree.*
당신 자신의 수준의 아내와 결혼하라.

② If you give your wife a yard, she'll take a mile(ell).*
당신 아내에게 1야드를 주면 그녀는 1마일을 달라한다.

③ If your wife is little, stoop to her. (Heb)
만약 그대의 아내가 작으면 그녀에게 몸을 구부려라.

④ All expensive wife makes a pensive husband.
많은 비용이 드는 아내는 생각하는 남편이 되게 한다.

⑤ An obedient wife commands her husband.
순종하는 아내가 남편을 조종한다.

⑥ Better be an old man's darling than a young man's slave.
젊은이의 노예보다 늙은이의 애인이 낫다.

⑦ A man can only find real delight in one wife. (Heb)
남자는 한 아내에게서 진정한 기쁨을 발견할 수 있다.

⑧ The calmest husbands make the stormiest wives.
가장 조용한 남편은 가장 소란스런 아내가 되게 한다.

⑨ The cunning wife makes her husband her apron.
교활한 아내는 그녀의 남편에게 자기의 앞치마를 두르게 한다.

⑩ He who does not honor his wife dishonors himself. (Sp)
그의 아내를 존중하지 않는 사람은 그 자신을 모욕한다.

⑪ The first wife is a broom ; the second, a lady. (Sp)
첫째 아내는 빗자루와 같고, 둘째 부인은 숙녀와 같다.

⑫ In choosing a wife and buying a sword we ought not to trust another.
아내를 간택하고 칼을 사는데 있어서 다른 사람을 믿지마라.

*1. A poor man who takes a rich wife has a ruler, not a wife. (G)
부유한 아내를 가진 가난한 남자는 아내를 가진 것이 아니라 지배자를 모시고 있는 것이다.

*2. Give him an inch and he'll take an ell.
한 치를 주면 한 자를 달라 한다 ; 사랑방(봉당)을 빌려주니 안방까지 달란다.
cf. ell(옛 길이 단위, 45인치), mile(1,760yard, 5,280ft : 1.85km)
yard(3ft : 36inch : 0.914m)

wife, woman

① Go down the ladder when you marry a wife ; go up when you choose a friend. (Heb)
아내와 결혼할 땐 계단 하나를 내려가라, 친구를 선택할 땐 한 계단 올라서라.

② The first wife is matrimony, the second, company, the third, heresy.
첫째 부인은 부부관계이고, 둘째는 친구, 셋째는 이교(異敎)와 같다.

③ The first wife is like a dog ; the second, like a cat ; the third, like a pig. (Yid)
첫째 부인은 개와 같고, 둘째는 고양이와 같고, 셋째는 돼지와 같다.

④ A woman's nay is not denial.*
여자의 부정(否定)은 부정(부인)이 아니다.

⑤ A woman is a weathercock.*
여자는 바람개비와 같다(자주 변한다).

⑥ A wise woman is twice a fool. (Lat)
현명한 여자는 두 번 바보가 된다.

⑦ A woman is the weaker vessel.* (N. Test)
여자는 연약한 그릇이다.

⑧ Frailty, thy name is woman! (Shakes)
약한자여, 그대 이름은 여자이니라!

⑨ Woman is weak, but mother is strong.
여자는 약(弱)하나 어머니는 강(强)하다.

⑩ A woman and a melon are hard to choose. (F)
여자와 참외는 고르기가 어렵다.

⑪ Woman have long hair and short wits. (Yid)
여자는 긴머리를 갖고 있으나 지혜가 짧다.

⑫ Women are always in extremes.
여자는 항상 극단(極端)에 있다.

* 4. "No" is no negative in a woman's mouth.
  "아니오"는 여자의 입에 있어선 부정이 아니다.
  Between a woman's 'yes' and 'no' there is not room for a pin to go. (Sp)
* 5. A woman and winter wind change often.
  Women are as fickle as April's weather.
  Woman and weather are not to be trusted.
* 7. Woman is made of glass. (Sp) 여자는 유리로 만들어져 있다.

woman

① A woman's strength is in her tongue.*
여자의 힘은 그녀의 혀에 있다.

② A woman with a past has no future.
과거가 있는 여자는 미래가 없다.

③ A woman counsells what she knows not.
여자는 그녀가 알지 못하는 것을 충고(상담)한다.

④ Woman, like good wine, is a sweet poison. (Turk)
좋은 술과 같이 여자는 달콤한 독이다.

⑤ Every woman thinks herself lovable. (Lat)
모든 여성은 그 자신이 사랑스럽다고 생각한다.

⑥ Woman and linen show best by candlelight.*
여자와 아마포(린네르)는 불빛에 가장 잘 보인다 ; 월하미인(月下美人).

⑦ Dear bought and far fetched are dainties for ladies.
비싼 것과 외국 수입품은 부인들에겐 고상한 것(진미)이다.

⑧ Were there no women, men might live like gods.*
여자가 없다면 남자는 신(神)과 같이 살 것인데.

⑨ Nothing more unbearable than a wealthy woman. (Lat)
부유한 여자보다 더 견딜 수 없는 것도 없다.

⑩ A woman and a hen are soon lost in gadding. (Sp)
여자와 암탉은 돌아다니면 쉽게 잃어버린다.

⑪ A woman is known by her walking and drinking. (Sp)
여자는 걸음걸이와 술마시는 것으로 알 수 있다.

⑫ A woman's tears and a dog's limping are not real. (Sp)
여자의 눈물과 개의 절름거림은 진짜가 아니다 ; 여자의 두려워하는 모습과 고양이가 추위에 떠는 모습은 거짓이다.

* 1. Foxes are all tail and woman all tongue.
 여우는 꼬리 치장, 여자는 혀가 전부.
* 6. Choose neither a woman nor linen by candle light.
* 8. Were it not for gold and woman, there would be no damnation.
 황금과 여자가 없다면 어떤 천벌(파멸)도 없을 텐데.

woman

① Priests and women never forget. (G)
목사와 여자는 결코 잊지 않는다.

② Women have no rank. (Napoleon)
여자에겐 계급(지위)이 없다.

③ A wicked woman is a magazine of evils. (Lat)
사악한(악독한) 여자는 악(惡)의 탄약고(창고)와 같다.

④ Women are created for the comfort of men.
여자는 남자의 위안(위로)을 위해 창조되었다.

⑤ Every woman loves the woman in the mirror.* (G)
모든 여성은 거울속에 있는 자신(여자)을 사랑한다.

⑥ Put the light out, and all women are alike. (G)
불을 끄라, 그러면 모든 여자가 똑같으리라.

⑦ Kind words and few are a woman's ornament. (Dan)
친절한 말과 말이 적은 것은 여자의 장식품이다.

⑧ A woman dares all things when she loves or hates. (Lat)
사랑하거나 증오할 때 여자는 감히 무엇이든지 한다.

⑨ Take the first advice of a woman and not the second. (Lat)
여자의 첫 충고를 받아들여라, 그러나 두번째 충고는 취하지 마라.

⑩ A shrew profitable may serve a man reasonable.*
이로운 잔소리(바가지)하는 여자는 남자를 이성(분별)있게 한다.

⑪ A woman's mind is moved by the meanest gifts. (Lat)
여자의 마음은 가장 작은 선물에도 감동한다.

⑫ A woman and a greyhound must be small in the waist. (Sp)
여자와 사냥개는 허리가 가늘어야 한다.

*5. A man is as old as he feels, and a woman as old as she looks.
남자의 나이는 생각(느낌)에 달려있고 여자의 나이는 얼굴(보임)에 달려있다.

*10. The woman who talks all day deserves a husband who snores all night.
온종일 수다떠는 여인에게는 밤새도록 코고는 남편이 제격이다.

woman

① Women are necessary evils.
여자는 필요악(必要惡)이다.

② Silence gives grace to a woman.* (Sophocles)
침묵은 여자에게 매력(우아)을 준다.

③ A fair woman without virtue is like palled wine.
덕이 없는 미인은 김빠진 포도주와 같다.

④ Woman's tears are the fountain of craft. (It)
여자의 눈물은 술책(재주)의 샘터(원천)이다.

⑤ Play, woman, and wine undo men laughing. (It)
놀이, 여자, 그리고 술은 남자를 웃는 사람으로 영락시킨다.

⑥ Woman's hair is long, but her tongue is longer.*
여자의 머리카락은 길다. 그러나 그녀의 혀는 더 길다.

⑦ Women naturally deceive, weep and spin.* (Chaucer)
여자는 천성적으로 속이고, 울고, 또 물레를 잣는다.

⑧ The smiles of a pretty woman are the tears of the purse.
예쁜 여인의 웃음은 돈지갑의 눈물이다.

⑨ Tell a woman she is fair and she will soon turn fool.
그녀가 아름답다고 말하라, 그러면 그녀는 곧 바보가 될 것이다.

⑩ A dog is wiser than a woman ; he does not bark at his master. (Russ)
개는 여자보다 더 현명하다. 왜냐하면 그것은 주인에게는 짖지 않기 때문이다.

⑪ Women are strong when they arm themselves with their weaknesses.* (F)
여자들은 그들의 연약함(결점, 약점)으로 무장할 때 강하다.

⑫ The more a woman admires her face, the more she ruins her house.* (Sp)
여자가 자신의 얼굴을 더 많이 사랑(찬미)할수록 그녀의 집을 더 파멸시킨다.
화장을 많이 할수록 집안을 돌보지 않는다.

* 2. Silence is the best ornament of a woman.
* 6. Long hair, short wits. (Sp)
  Long hair, longer tongue.
* 7. Women laugh when they can and weep when they will. (F)
* 11. Woman is weak, but mother is strong. (Shakespeare)
* 12. The more women look in their glass(mirror), the less they look to their house.

woman, adventurer, beggar, foreigner

① A fair woman and a slashed gown always find some nail in the way.
미인과 속옷이 보이는 긴 겉옷은 언제나 길에 있는 못에 걸린다.

② The tongue of women is their sword, and they take care not to let it rust.* (Chin)
여자의 혀는 그들의 칼이며, 그들은 칼이 녹쓸도록 하지 않는다.

③ A woman is an angel at ten, a saint at fifteen, a devil at forty, and a witch at fourscore.
여자는 10살에 천사, 15살에 성자(聖者), 40살에 악마, 80살에 마녀같다.

④ Women are in churches, saints ; abroad, angels ; at home, devils.
여자는 교회에서는 성자(聖者), 밖에서는 천사(天使), 집에서는 악마(惡魔)와 같다.

⑤ The three virtues of a woman ; obey the father, obey the husband, obey the son. (K)
여자의 세 가지 덕(三婦德)은, 아버지에게 복종하고, 남편에게 순종하고, 아들을 따르는 것이다.

⑥ It is always the adventurers who accomplish great things. (Montesquieu)
위대한 일을 성취한 것은 언제나 모험가들이다.

⑦ A young idler is an old beggar.
젊은 게으름뱅이는 늙은 거지가 된다.

⑧ Beggars should be no choosers.
거지는 선택자가 되어서는 안된다. 찬밥 더운밥 가리랴?

⑨ The beggar's wallet has no bottom. (It)
거지의 지갑은 밑이 없다.

⑩ Even a beggar envies another beggar.
거지조차 다른 거지를 부러워한다.

⑪ Better a living beggar than a dead emperor. (F)
살아 있는 거지는 죽은 황제보다 낫다.

⑫ The more I see of foreigners, the more I love my own. (F)
내가 외국인을 더 많이 볼수록 나의 국민을 더 많이 사랑하게 된다.

*2. A woman's tongue is only three inches long, but it can kill a man six feet high. (Jap)

blind man, child, children

① Among the blind close your eyes. (Turk)
장님 세계에서는 너의 눈을 감아라 ; 입향순속(入鄕循俗).

② Blind men should judge no colors. (Lat)
장님이 색깔을 판단해서는 안된다.

③ In the country of the blind, the one-eyed man is king.
장님세계에서는 애꾸눈이 왕이다 ; 무식한 사람들 사이에서는 조금 지식있는 자가 유리하다.

④ The child is father of the man.* (Wordsworth)
아이는 어른의 아버지다.

⑤ A burnt child dreads the fire.*
불에 덴 아이는 불을 두려워한다 ; 상궁지조(傷弓之鳥).

⑥ Children are the keys of paradise.
아이는 천국의 열쇠이다. 어린이의 성품이 천국에 합당하다.

⑦ Children and fools have merry lives.
아이와 바보는 유쾌한(즐거운) 생활을 한다.

⑧ Childhood is the sleep of reason. (Rousseau)
어린시절은 이성의 수면 시기이다.

⑨ Children and drunkards speak truth.* (Dan)
아이와 술주정뱅이는 진실을 말한다.

⑩ Children learn to creep before they can go. (walk)
아이들은 걷기 전에 기는 것을 배운다.

⑪ Children pick up words as pigeons peas.
아이들은 비둘기가 콩을 주어 먹듯이 말을 줍는다.

⑫ Gold must be beaten and a child scourged.* (Heb)
황금은 두들겨야 하며 아이에겐 매를 들어야 한다.

* 4. The childhood shows the man, as morning shows the day. (Milton)
* 5. A scalded dog fears cold water. (It)
* 9. Children and fools tell the truth.
* 12. The dearer the child, the sharper must be the rod.
자식이 귀할수록 매는 더 자주 들어야 한다 ; 연아(거든) 다여봉, 증아(거든) 다여식(憐兒多與棒, 憎兒多與食).

child, enemy

① He that has no children knows not what is love.*
아이가 없는 사람은 사랑이 무엇인지를 모른다.

② Children have more need of models than critics. (F)
아이들은 비평보다 모범(본보기)이 더 필요하다.

③ Our neighbor's children are always the worst. (G)
우리 이웃의 아이들이 항상 제일 나쁘다.

④ Where children stand still, they have done some ill.
아이들이 조용히 있을 때는 그들이 어떤 나쁜 짓을 하고 있는 것이다.

⑤ Children are to be deceived with comfit and men with oaths.
어린아이들은 사탕(봉봉)으로 속임을 당하고, 어른들은 맹세로 속는다.

⑥ He that does not beat his child will later beat his own breast.* (Turk)
자신의 아이를 때리지 않는 사람은 후에 자신의 가슴을 치게 될 것이다.

⑦ Children suck the mother when they are young, and the father when they are old.
아이들은 어렸을 때 어머니 젖을 빨고 나이가 들어서는 아버지에게 매달린다.

⑧ Children have wide ears and long tongues.
어린이들은 넓은 귀와 긴 혀를 갖고 있다. 아이들은 새로운 지식정보에 빠르다.

⑨ Make your enemy your friend.
그대의 적(敵)을 친구로 만들라.

⑩ No man is without enemies. (Arab)
적(敵)이 없는 사람은 없다.

⑪ An enemy may chance to give good counsel.*
적(적대자, 경쟁 상대)은 좋은 충고를 줄 기회가 된다.

⑫ A man's greatness can be measured by his enemy.
사람의 위대성은 그의 적에 의해서 알 수 있다.

* 1. Who has no children does not know what love is.
  A home having no child is like as the earth having no sun.
  아이없는 가정은 태양없는 지구와 같다.
* 6. The dearer the child, the sharper must be the rod.
* 11. Even from a foe a man may learn wisdom. (Gk)

enemy, fool

① Your enemy makes you wise. (It)
그대의 적은 그대를 현명하게 한다.

② He is no man's enemy but his own.*
사람은 그 자신 이외에 아무도 적이 아니다.

③ Comparisons make enemies of our friends. (Gk)
비교는 우리 친구를 적으로 만든다.

④ Better a good enemy than a bad friend. (Yid)
나쁜 친구보다 좋은 적(경쟁자, rival)이 낫다.

⑤ Be your enemy an ant, see in him an elephant.* (Turk)
그대의 적이 개미일지라도 그 적 속에 있는 코끼리같은 힘을 보아라.

⑥ Take heed of enemies reconciled, and of meat twice boild.*(Sp)
화해한 적과 두 번 삶은 고기를 조심하라.

⑦ More foools, more fun. (F)
바보가 많을수록 재미는 더 많다.

⑧ A fool is full of words.*
바보는 말이 많다.

⑨ Beauty and fool are sisters.*
미인과 바보는 자매간이다.

⑩ He is a fool that forgets himself.
그 자신을 망각하는 자는 바보이다.

⑪ A fool laughs when others laugh.*
바보는 다른 사람이 웃을 때 따라 웃는다.

⑫ Fools live poor, to die rich.
바보는 평생 가난하게 살다가 죽어서 부자가 된다.

* 2. None but myself ever did me any harm. (Napoleon)
  내 자신 이외에 어떤 사람도 나에게 어떤 해(害)를 끼치지 못했다.
  Man is his own worst enemy. (Lat)   He has no enemies but himself.
* 5. Despite not a pretty foe. 경적이멸(輕敵而滅)
* 6. A reconciled friend is a double enemy.
* 8. Fools can not hold their tongues. (Chaucer)
* 9. Praise a fool and you make him useful.
  바보도 칭찬해 주면 쓸만하다 ; 바보와 가위는 쓰기에 달렸다.
* 11. Fools go in crowds. 바보들은 떼를 지어 다닌다.

fool

① A fool's bolt is soon shot.*
바보는 화살을 빨리 쏜다 ; 어리석은 자는 곧 최후 수단을 쓴다.

② Better to be a fool than a knave.
악한보다 바보가 낫다 ; 죄짓기보다 순진한 바보가 낫다.

③ Almost all men are fools. (Lat)
거의 대부분의 사람은 바보이다.

④ God sends fortune to fools*
신(神)은 바보에게 행운(재산)을 보낸다.

⑤ Everyone has a fool in his sleeve.*
누구나 그의 소매에 바보스러움이 있다.

⑥ Fools multiply folly.*
바보는 어리석음을 배가(倍加)시킨다.

⑦ Fools tie knots, and wise men loose them.*
바보는 매듭을 묶는데 현인은 매듭을 푼다.

⑧ The fool wanders, the wise man travels.
바보는 방랑하지만 현인은 여행을 한다.

⑨ The world is made up of fools and knaves.*
세상은 바보와 악한으로 구성되어 있다.

⑩ Better be foolish with all than wise by yourself. (F)
홀로 현명하기보다는 모두 함께 바보가 되는 것이 더 낫다.

⑪ A fool always finds a bigger fool to admire him. (F)
바보는 언제나 그를 존경하는 큰 바보를 찾는다.

⑫ The fool does think he is wise, but the wise man knows himself to be a fool.
바보는 자신이 현명하다고 생각하나, 현인은 그 자신이 바보인 것을 잘 알고 있다.

* 1. A fool and his money are soon parted.
  바보와 그의 돈은 쉽게 떨어진다 ; 바보는 돈을 빨리 쓴다.
* 4. God alone understands fools. (F) 신(神)만이 바보를 이해한다.
* 5. None is a fool always, every one sometimes.
  아무도 언제나 바보가 아니라, 누구나 때때로 바보가 된다.
* 6. Fools rush in where angels fear to tread.
  바보는 천사가 두려워하는 곳에도 달려간다 ; 우자(愚者)는 성급히 행동하고, 현자(賢者)는 행동하기 전에 신중히 생각한다.
* 7. Fools make feasts and wise men eat them.
  Fools build houses and wise men buy them.
* 9. Knaves and fools divide the world. 악한과 바보가 세상을 이룬다(양보한다).

fool, genius, hero

1. A fool says what he knows, and a wise man knows what he says.* (Yid)
   바보는 그가 아는 것을 말하지만 현인은 그가 말하는 것을 알고 있다.

2. Wise men learn by other's harms, fools scarcely by their own.
   현인은 다른 사람의 해악으로 배우지만, 바보는 자기의 실수에서도 못배운다.

3. Genius is patience. (Buffon)
   천재란 인내이다.

4. Rules and models destroy genius.
   규칙과 모범(방식)은 천재를 죽인다.

5. Genius is nothing but labor and diligence.
   천재는 노력과 근면에 불과하다.

6. Genius is the capacity for taking pains. (Napoleon)
   천재는 노력하는(고통을 참는) 능력이다.

7. Doing what is impossible for talent is genius. (F)
   불가능한 것을 하는 재능이 천재이다.

8. Genius is nothing but concentration on attention.
   천재는 주의력에 대한 집중력(集中力)에 불과하다.

9. Genius can breathe freely only in an atmosphere of liberty. (J.S. Mill)
   천재는 자유의 분위기에서만 자유롭게 숨쉴 수 있다.

10. Genius without education is like silver in the mine. (Franklin)
    교육이 없는 천재는 광산에 있는 은(銀)과 같다.

11. Genius is one percent inspiration and ninety-nine percent perspiration. (Edison)
    천재란 1%의 영감과 99%의 땀이다.

12. No man is a hero to his valet. (F)
    시종(몸종)에게는 영웅이 없다 ; 가까이 있는 사람에게는 인간의 단점이 모두 보인다.

*1. Wise men make proverbs and fools repeat them.

hero, hypocrite, liar

1. The hero is known on the battle field. (Turk)
   영웅은 전쟁터에서 알려진다.

2. One murder makes a villain, millions a hero.
   한 명의 살인자는 악한이고 수백만 명의 살인자는 영웅이다.

3. It is chance chiefly that makes heroes.
   영웅이 되게 하는 것은 주로 기회이다 ; 기회(시대)가 영웅을 만든다.

4. Heroes are bred in lands where livelihood comes hard. (Gk)
   영웅은 생계(생활)가 어려운 나라에서 탄생한다.

5. A flatter, a hypocrite.
   아첨쟁이는 위선자(僞善者).

6. A saint abroad, and a devil at home.
   밖에서 성인(聖人), 집에서 악마.

7. Beware of the man of two faces. (Dut)
   두 얼굴의 사나이를 조심하라.

8. A holy face and a cat's claws.* (Sp)
   신성한 얼굴과 고양이 앞발 ; 양두구육(羊頭狗肉).

9. He carries fire in one hand and water in the other.*
   그는 한 손에 불을, 다른 손에 물을 들고 있다. 병(病)주고 약(藥) 주기.

10. A liar believes no one.* (Yid)
    사기꾼(거짓말쟁이)은 아무도 믿지 않는다.

11. A liar is worse than a thief.
    사기꾼은 도둑보다 더 나쁘다.

12. A liar is sooner caught than a cripple. (It)
    거짓말쟁이는 절름발이보다 더 빨리 잡힌다.

* 8. Fair without, foul within.
  반듯한 외모, 음흉한 마음.
* 9. A mouth that prays, and a hand that kills. (Arab)
  기도하는 입, 살인하는 손 ; 한 손엔 코란, 다른 한 손엔 칼.
* 10. A liar is not believed when he tells the truth.
  사기꾼은 진실을 말해도 아무도 믿지 않는다.

neighbor, old man, folk, people, poor man

① The bad neighbor gives a needle without thread. (Sp)
나쁜 이웃은 실없이 바늘만 준다.

② Love your neighbor, yet pull not down your hedge.*
그대 이웃을 사랑하라, 그러나 그대의 담(울타리)은 허물지 마라.

③ We can live without our friends, but not without our neighbors.
우리는 친구없이 살 수 있어도 이웃없이는 살 수 없다.

④ Short folk are soon angry.
참을성이 적은 사람(小人)이 쉽게 성을 낸다.

⑤ The voice of people is the voice of God. (vox populi, vox dei.)
국민(백성)의 소리는 신(神)의 소리이다.

⑥ Old men are twice children.
노인은 제2의 어린이다 ; 노인은 어린이와 같다.

⑦ The old forget, the young don't know.
노인은 잘 잊고 청년은 분별력이 없다(무지하다).

⑧ Poor men's tables are soon spread.
가난한 자의 식탁은 쉽게 펼쳐진다.

⑨ Every poor man is counted a fool.
가난한 사람은 바보로 간주된다.

⑩ A poor man is hungry after eating. (Port)
가난한 사람은 먹은 후에도 배고프다.

⑪ The poor sing free throughout the world. (G)
가난한 자는 세계 도처에서 자유롭게 노래한다.

⑫ Not he who has little, but he who wishes for more, is poor. (Lat)
적지 않게 갖고 있으나 더 많은 것을 원하는 자는 가난하다.

* 2. You shall love thy neighbor as thyself.(O. Test)
그대 자신처럼 그대 이웃을 사랑하라.
Love thy neighbor. (Thales)

kindred, kinsfolk, relative, parents, rich man

① Much kindred, much trouble. (F)
많은 친척, 많은 걱정(분쟁).

② Many kinsfolk and few friends.
많은 친척과 적은 친구.

③ If you love your wife, you must love her relatives. (Yid)
만약 그대가 아내를 사랑하면, 그녀의 친척을 사랑해야 한다.

④ Honor the Gods, reverence parents. (Gk)
신(神)을 숭배하고 양친을 존경하라.

⑤ The virtue of parents is a great dowry. (Lat)
양친의 미덕(덕망)은 큰 결혼 지참금(혼수)이다.

⑥ If parents want honest children, they should be honest themselves.
만약 양친이 정직한 아이를 원한다면, 부모 스스로 정직해야 한다.

⑦ He is wise that is rich.*
부유한 자는 현명하다.

⑧ It is better to live rich than to die rich.
부유하게 죽기보다 부유하게 사는 것이 낫다.

⑨ Rich folk have many friends.*
부유한 사람은 많은 친구가 있다.

⑩ A rich man ought to have a strong stomach.
부자는 강한 위(밥통)를 갖고 있어야 한다.

⑪ The rich get richer and the poor get children. (American Negro)
부자는 더 부유하게 되고 가난한 자는 아이들만 많다.

⑫ Every one is a kin to the rich man.* (It)
누구나 부자의 친척이다.

* 7. All that is rich is wise.
* 9. At the door of the rich are many friends. (Heb)
부잣집의 문간에는 많은 친구가 있다.
* 12. The rich man transgresses the law, and the poor man is punished.
부자(富者)는 법을 어기고 빈자(貧者)는 벌을 받는다 ; 유전무죄, 무전유죄(有錢無罪, 無錢有罪).

wise man

① He enjoys riches most who needs them least. (Lat)
재산(부)을 가장 적게 필요로 하는 사람이 가장 부(재산)를 많이 즐긴다.

② Wise men silent, fools talk.
현자는 침묵하고 바보가 지껄인다.

③ A wise man - a strong man. (G)
현자(賢者)는 - 강자(强者)이다.

④ Wise men propose, and fools determine.
현자는 제안을 하고 바보는 결정을 한다.

⑤ No one is wise at all times.* (Lat)
아무도 늘 현명하지는 않다.

⑥ Better be wise than rich. (Sp)
부유하기보다 현명한 것이 낫다.

⑦ He seems wise with whom all things thrive.
만사(萬事)가 번창하는 사람은 현명하게 보인다.

⑧ It is easy to be wise after the event.
사건후 현명해지기는 쉽다.

⑨ Some folks are wise - and some are otherwise.
어떤 사람은 현명하고 - 어떤 사람은 어리석다.

⑩ A wise man turns chance into good fortune.
현인은 기회(모험)를 행운으로 바꾼다.

⑪ The wise learn many things from their foes. (Gk)
현자는 그들의 적으로부터 많은 것을 배운다.

⑫ Who consorts with the wise will become wise. (Gk)
현자와 사귀는 자는 현명하게 될 것이다. 근묵자흑.

*5. A wise man is not wise in everything. (F)
   현명한 사람이라도 모든 면에서 현명하지 않다.

wise man, youth, the young

① It is not wise to be wiser than is necessary. (F)
필요이상으로 현명한 것은 현명치 못한 것이다.

② A wise man cares not for what he can not have.
현인(賢人)은 그가 가질 수 없는 것에 대해 걱정하지 않는다.

③ It takes a wise man to recognize a wise man. (Gk)
현자가 현인을 알아본다 ; 사위지기자사(士爲知己者死).

④ Better be mad with all the world than wise alone. (F)
혼자 현명하기보다 세상과 더불어 미치는 것이 낫다.

⑤ He is wise that has enough wit for his own affairs.
자신의 일에 충분한 지혜(기지)를 갖고 있는 자는 현명하다.

⑥ The wise man strikes twice against the same stone. (Russ)
현자는 똑같은 돌(징검다리)을 두 번 두들긴다.

⑦ A wise man needs not blush for changing his purpose.
현자(賢者)는 그의 목적(목표)을 바꾸는데 부끄러워할 필요가 없다.

⑧ Old head and young hand.
늙은 머리와 젊은 손. 신중한 계책 민첩한 실천.

⑨ One is young only once.* (F)
사람은 다만 한 번 젊을 뿐이다 ; 젊은 시절을 잘 이용하라.

⑩ Youth is the season of hope.
젊음은 희망의 계절(시절)이다.

⑪ Enjoy the season of your prime. (Gk)
그대 청춘의 시절을 즐겨라.

⑫ The old forget, the young don't know.
늙은이는 망각하지만 젊은이는 모른다.

*9. You're only young once.
그대가 젊었을 때 젊음을 이용하라.

youth, young man, yourself

① Reckless youth makes rueful age.
무모한 젊은이는 후회하는 늙은이가 된다.

② Youth and age will not agree.
청년과 노년은 의견이 일치하지 않는다(세대차이가 난다).

③ A growing youth has a wolf in his belly.
자라는 젊은이는 그의 뱃속에 늑대를 갖고 있다 ; 젊은이는 언제나 배고프다.

④ Heavy work in youth is quite rest in old age.
젊은 시절 고된 일(苦生)은 노년시절에 바로 휴식이 된다.

⑤ The young are slaves to money, the old to custom.
젊은이는 돈의 노예이고 늙은이는 습관의 노예이다.

⑥ Youth and white paper take any impression.
청년과 흰 종이는 어떤 인상(감명)도 받아들인다 ; 청년은 감격을 잘한다.

⑦ The old see better behind than the young before.
젊은이가 미래를 보는 것 이상으로 늙은이는 과거를 더 잘 본다 ; 노인은 과거에 살고 청년은 미래에 산다.

⑧ Young men think old men fools, and old men know young men to be so.
젊은이(靑年)는 늙은이(老人)를 바보로 생각하고 노인도 청년을 바보로 생각한다 ; 청년의 열심과 노인의 지혜는 결코 섞이지 않는다.

⑨ Youth is a blunder ; manhood a struggle ; old age a regret. (Disraeli)
청년은 큰 실수(과오)를 할 때요, 장년은 투쟁(노력), 노년은 후회의 시절이다.

⑩ Young men are fitter to invent than to judge ; fitter for execution than for counsel ; and fitter for new projects than for settled business. (Bacon)
젊은이는 판단하기보다 발명에 더 적절하고, 상담(계획)보다 실천(실행)에, 안정된 직업(일)보다 새로운 기업(모험)에 더 적절하다.

⑪ Yourself first, others afterwards.
먼저 자기 자신을, 나중에 남을 위하라 ; 자신의 이해관계가 다른 사람의 것(이득)보다 먼저다.

⑫ Self is a bad guide to happiness.
이기심(이기주의)은 행복의 좋은 안내자가 아니다; 자기 자신만 생각해서는 행복해 질 수 없다.

가을 Autumn

Ⅱ. 의·식·주

arrow, book

① One arrow does not bring down two birds. (Turk)
한 개의 화살로 새 두 마리를 쏘아 떨어뜨릴 수 없다.

② Books are made from books.
책은 책에 의해서 만들어진다.

③ Books are the children of the brain.
책은 두뇌(지혜)의 자식이다.

④ Every age has its book. (K)
모든 시대는 그 시대의 책을 갖고 있다.

⑤ Judge not a book by its cover.
책표지로서 책을 판단하지 마라.

⑥ A book that is shut is but a block.
덮여있는 책은 나무토막에 불과하다.

⑦ Books, the monument of vanished minds.
책은 사라진 정신의 기념비(유적)이다.

⑧ No furniture is so charming as books.
책과 같은 매력적인 장식(가구)도 없다.

⑨ The best companions are the best books.
가장 좋은 친구는 가장 좋은 책이다.

⑩ The reader's fancy makes the fate of books.
독자(讀者)의 기호(애호)가 책의 운명이 된다.

⑪ Books and friends should be few and good. (Sp)
책과 친구는 적고 좋아야 한다.

⑫ Books are for wisdom, piety, delight, and use.
책은 지혜, 경건, 기쁨과 활용(이용)을 위한 것이다.

book, bow, coat, garment

① Nothing is so old as a new book.
신간 서적(새로운 책)만큼 오래된 것도 없다.

② Something is learned every time a book is opened. (Chin)
책은 펼칠 때마다 어떤 것을 배운다.

③ Books are a guide in youth and an entertainment for age.
책은 젊은 시절의 안내자이며 늙어서는 오락(위안)물이다.

④ Books are ships which pass through the vast sea of time. (Bacon)
책은 거대한(광활한) 시간의 바다를 통해 지나가는 배이다.

⑤ That is a good book which is opened with expectation and closed with profit.
기대(期待)를 갖고서 펼치고, 유익함을 얻고서 덮는 책이 좋은 책(良書)이다.

⑥ The books which help you most are those which make you think the most. (Parker)
당신에게 가장 유용(有用)한 책은 당신을 가장 많이 생각하게 만드는 책이다.

⑦ When the bow is too much bent, it breaks.
활은 너무 많이 휘어질 때 부러진다 ; 과유불급(過猶不及).

⑧ Wear the old coat and buy the new book.
낡은(헌) 옷을 입으라, 그러나 새로운 책을 사라.

⑨ The coat makes the man.
코트(외투)가 사람을 만든다 ; 옷이 날개다.

⑩ Borrowed garments never fit well.*
빌린 옷은 결코 잘 맞지 않다.

⑪ Cut your coat according to your cloth.
천(옷감)에 따라 웃옷(상의)을 만들어라 ; 수입에 따라 소비를 하라.

⑫ A smart coat is a good letter of introduction.
단정한(말쑥한) 코트는 좋은 소개장이다.

＊10. If the cap fits, wear it.
모자가 맞으면 쓰라 ; 몸에 맞으면 입으라.

coat, card, dice, letter, mirror

① It is not the gray coat that makes the gentleman.
신사가 되게 하는 것은 회색 외투(코트)가 아니다.

② Damn your cards, they are the devil's books.
카드(화투장)를 저주하라, 그들은 악마의 책이다.

③ I would cheat my own father at cards.
카드 놀이에서는 아버지도 속인다.

④ It is courtesy at cards to let the loser have his word.
카드 놀이에서 진 사람(敗者)에게 말하게 하는 것은 예의 바른 일이다.

⑤ The devil is in the dice.
주사위(도박)속에 악마가 있다.

⑥ The die is cast. (J. Caesar)
주사위는 던져졌다 ; 일은 이미 결정되었다.

⑦ The devil invented dicing. (St. Augustine)
악마가 주사위 던지기를 만들었다.

⑧ The best throw of the dice is to throw them away.
주사위를 가장 잘 던지는 것은 주사위를 내버리는 것이다.

⑨ The written letter remains. (Lat)
쓰여진 편지는 남는다.

⑩ A letter does not blush. (Lat)
편지는 부끄러워하지 않는다.

⑪ As keys do open chests, so letters open breasts.
열쇠가 금고(상자)를 열듯이 편지는 가슴(마음)을 연다.

⑫ The best mirror is an old friend.*
가장 좋은 거울은 옛 친구이다.

* 12. A child is the mirror of parents.
아이는 양친의 거울 ; 아이를 보면 그 부모를 알 수 있다.

pen, quill, spear, sword

① The pen is the tongue of the mind. (Sp)
펜은 마음의 혀이다.

② Pen and ink is wit's plough.
잉크펜(펜과 잉크)은 지혜의 쟁기이다.

③ The pen is mighter than the sword.
펜(文)은 칼(武)보다 더 강하다 ; 문필은 종종 군대보다 강하다.

④ The pen scratches ; the paper is silent. (Russ)
펜은 할퀴지만(갈겨 쓰지만), 종이는 침묵하고 있다.

⑤ A good quill is more dangerous than a lion's paw.
거위의 깃대(펜)는 사자의 앞발보다 더 위험하다.

⑥ A sharp spear needs no polish. (Afr)
날카로운 창은 광택이 필요없다.

⑦ The sword knows no friends. (G)
칼(권력)은 친구를 모른다.

⑧ Our right is in our swords. (Lat)
우리의 권리는 우리의 칼에 있다. 권력(힘)은 무력(군대)에서 나온다.

⑨ A sword less hurts than a pen(does).
칼은 펜보다 덜 상처를 준다.

⑩ Gluttony kills more than the sword.
폭식(暴食)은 칼보다 더 많은 사람을 죽인다 ; 과식은 위험하며 죽기 쉽다.

⑪ Good sword has often been in poor scabbard(sheath).
좋은 칼이 종종 보잘 것 없는 칼집에 있는 경우가 있다.

⑫ He who has the longest sword is always thought to be in the right.
가장 큰 칼을 가진 사람(강자)이 항상 옳다고 생각한다.

bread, broth, butter, cheese

① His bread fell into the honey. (Sp)
그의 빵이 꿀에 떨어졌다 ; 운이 좋은 경우.

② Better half a loaf than no bread.*
아주 없는 것보다 빵 반쪽이 더 낫다.

③ Man does not live by bread only. (O. Test)
인간은 빵만으로는 살 수 없다.

④ His bread is buttered on both sides.*
그의 빵은 양면에 버터가 발라져 있다 ; 남의 떡이 커보인다.

⑤ If you have bread, don't look for cake. (Yid)
만약 빵을 가지고 있다면, 케이크(과자)를 찾지마라.

⑥ Of all smells, bread ; of all tastes, salt.
모든 냄새 중에서 빵이 최고이고, 모든 맛 중에서 소금이 으뜸이다.

⑦ Bread is better than the songs of birds.
빵은 새의 노래보다 낫다.

⑧ Dry bread at home is better than roast meat abroad.*
집에서의 마른 빵이 밖에서 구운 불고기보다 낫다.

⑨ When God gives us bread, man will supply the butter. (Yid)
신(神)이 우리에게 빵을 주실 때 인간은 버터를 만든다.

⑩ Good broth may be made in an old pot.
좋은 수프는 오래되고 낡은 냄비에서 만들어진다 ; 뚝배기보다 장맛.

⑪ Butter is gold in the morning, silver at noon, lead at night.*
버터는 아침에는 금, 정오에는 은, 밤에는 납과 같다.

⑫ Cheese and bread make the cheek red. (G)
치즈와 빵은 홍안(紅顔)이 되게 한다.

* 2. Half a loaf is better than no bread.
* 4. Other's bread has seven crust. (It)
  다른 사람의 빵껍질은 일곱겹이다.
* 8. Better a dinner of herbs where love is than a meat and hatred there with. (O. Test)
  사랑이 있는 식물성 식사가 증오가 있는 육식보다 낫다.
* 11. Fruit is gold in the morning, silver at noon, lead at night.

cake, dinner, dish, egg

① You can't eat your cake and have it.*
케이크를 먹지 않으면 가질 수 있다. 케이크를 먹으면 가질 수 없다.

② A dinner lubricates business.
식사(정찬)는 사업을 매끄럽게 한다.

③ Better a good dinner than a fine coat. (F)
좋은 의복보다 맛있는 음식이 낫다 ; 실리(實利).

④ After dinner sit a while, after supper walk a mile.
만찬 후엔 잠시 앉아 있어라, 저녁식사 후엔 한 마일을 걸어라.

⑤ No dish pleases all palates alike.
어떤 요리도 모든 미각을 만족시킬 수 없다 ; 모든 사람이 똑같은 것(음식)을 좋아하지는 않는다.

⑥ Eggs and oaths are easily broken. (Dan)
달걀과 맹세는 쉽게 깨어진다.

⑦ The egg would be wiser than the hen. (Yid)
달걀이 암탉보다 더 현명하다 ; 청출어람(靑出於藍).

⑧ The more the eggs, the worse the hatch.
달걀이 많을수록 부화는 더 나쁘다.

⑨ Do not venture all your eggs in one basket. (Yid)
한바구니에 모든 달걀을 담는 모험은 하지 마라.

⑩ He who steals an egg would steal an ox.
달걀을 훔치는 사람은 황소도 훔칠 것이다 ; 바늘도둑이 소도둑 된다.

⑪ Omelettes are not made without breaking eggs.* (F)
달걀을 깨뜨리지 않고 오믈렛(계란 덮밥)을 만들 수 없다.

⑫ Rather an egg today than a hen tomorrow.
내일의 암탉보다 오늘의 달걀이 낫다.

* 1. You can't have your cake and eat it.
결정을 내리면 그 결정(결심)을 고수하라. (세상의) 명예와 부를 모두 가질 수 없다.

* 11. You can not make omelettes without breaking eggs.
어떤 희생없이 성취(성공)하기란 어렵다.

fare, feast, honey, meal

1. Good fare lessens care.
   좋은 음식물은 걱정을 덜어준다.

2. Feast today makes fast tomorrow. (Lat)
   오늘의 향연은 내일의 단식이 되게 한다.

3. A cheerful look makes a dish a feast.
   즐거운 모습은 요리를 향연이 되게 한다 ; 행복한 모습은 평범한 것을 특별한 것이 되게 한다.

4. The feast is good until the reckoning bill comes.
   잔치는 계산서가 나올 때까지는 좋다.

5. Little difference between a feast and a bellyful.
   향연과 배부름 사이에는 별 차이가 없다.

6. Small cheer and great welcome makes a merry feast.
   작은 음식과 큰 환대는 즐거운 축제가 되게 한다.

7. Fiddlers, dogs, and flies come to feasts uncalled.
   바이올린 켜는 사람, 개, 파리는 초대하지 않는 잔치에 온다.

8. The more, the merrier ; the fewer, the better fare.
   사람이 많을수록 더 유쾌하고, 사람이 적을수록 더 좋은 식사.

9. Honey is sweet, but the bee stings.
   꿀은 달지만 벌은 침을 쏜다.

10. When you taste honey, remember gall.
    꿀을 맛볼 땐 쓴맛(담즙)을 기억하라 ; 유비무환(有備無患).

11. A drop of honey catches more flies than a barrel of vinegar. (Dut)
    한방울의 꿀은 한 배럴(통)의 식초보다 더 많이 파리를 잡는다.

12. The wholesomest meal is at another man's cost.
    가장 건강에 좋은 식사는 다른 사람이 값을 지불하는 것이다.

meal, meat, pepper, pie, pudding

① No mill, no meal.*
맷돌(제분기)을 갈지 않으면 식사도 없다.

② Two hungry meals make the third a glutton.
두차례의 끼니를 굶는 것은 세번째 식사를 폭식(대식가)이 되게 한다.

③ Much meat, much maladies.
많은 음식(고기)에 많은 질병이 있다.

④ Meat is much, but manners is more*
음식도 중요한 것이지만 예의 범절은 더 중요하다.

⑤ One man's meat is another man's poison.
한 사람의 고기는 다른 사람의 독이다 ; 甲의 약은 乙의 독.

⑥ The meat tastes best which costs nothing.*
고기(음식물)는 비용이 안들 때 가장 맛이 있다.

⑦ To a full belly all meat is bad. (It)
배부르면 모든 음식물(고기)이 맛이 없다.

⑧ All meat is not the same in every man's mouth.
모든 고기가 모든 사람의 입에 똑같지 않다.

⑨ Pepper is black and has a good smack.
후추는 검지만 좋은 맛이 있다.

⑩ No sport, no sleep.*
운동(오락)없이 수면(휴식)도 없다.

⑪ Pudding rather than praise.
칭찬보다 푸딩이 낫다 ; 실리(實利) 추구. 금강산 구경도 식후경.

⑫ Too much pudding will choke a dog.
너무나 많은 푸딩은 개의 목을 메게 한다 ; 과유불급(過猶不及).

* 1. No song, no supper.
노력(노동)없이 소득(식사) 없다 ; 부뚜막의 소금도 집어 넣어야 짜다.
* 4. Meat is good, but manners is better.
식사(고기)도 좋지만, 예절(예의)은 더 중요하다.
* 6. The wholesomest meal is at another man's cost.
가장 건강에 좋은 식사는 다른 사람이 값을 지불하는 것이다(얻어 먹는 것이다).
* 10. No prayer, no pizza(pie).

drink, liquor

1. Bacchus kills more than Mars.
   바커스(酒神, Dionysus)는 군신(軍神, Ares)보다 더 많이 사람을 죽인다 ; 술 마시고 죽은 자가 전쟁에서 죽은 자보다 많다.

2. Never mix your liquor.
   술을 섞어 마시지 마라.

3. Eat at pleasure, drink by measure.
   즐겁게 먹고 재어서 마셔라.

4. There is no deceit in a brimmer.
   가득찬 술잔에는 사기(기만)가 없다.

5. He that drinks well, sleeps well.
   (술은) 잘 마신 사람은 잠을 잘 잔다.

6. When drink enters, anxiety departs.
   술이 들어오면 걱정(근심)이 떠난다.

7. Thirst departs with drinking. (F)
   갈증(목마름)은 음주와 함께 사라진다.

8. As they brew, so let them drink.
   그들이 양조한 것을 그들에게 마시게 하라 ; 자업자득(自業自得).

9. To drink health is to drink sickness.
   건강을 마시는 것은 병을 마시는 것과 같다.

10. Long quaffing makes a short life.
    길게 술을 들이마시는 것은 생명을 짧게 한다.

11. Much drinking, little thinking.
    술을 많이 마시면 생각을 적게하게 된다.

12. Good drink drives out bad thoughts. (Dut)
    좋은 음료는 나쁜 생각을 추방(배격)한다.

wine

① Wine whets the wit.*
술은 재치(지혜)를 자극한다.

② Good wine needs no bush.
양질의 술은 간판이 필요없다.

③ In wine there is truth. (In vino veritas.) (Lat)
술 속에 진실이 있다 ; 술을 마시면 본심이 드러난다.

④ The best wine has its lees. (F)
가장 좋은 술에도 재강(지게미)이 있다.

⑤ Wine is the milk of old men.* (F)
술은 노인의 우유이다.

⑥ Wine wears no breeches.* (F)
술은 바지를 입지 않는다 ; 술은 그 사람을 드러낸다.

⑦ Wine turns a man inside outside.
술은 사람을 안쪽을 바깥쪽(뒤집음)으로 돌려 놓는다.

⑧ Old wood to burn, old wine to drink.
오래된 장작은 타기가 좋고 오래된 술은 마시기가 좋다.

⑨ Good wine engenders good blood.*
좋은 술은 좋은 피를 만든다 ; 적당한 술은 심로(心勞)를 풀어준다.

⑩ Good wine makes a bad head and a long story.
좋은 술은 머리를 나쁘게 만들고 이야기를 길게 하게 한다.

⑪ Where there is no wine, there is no love.* (Gk)
술이 없는 곳에는 사랑도 없다.

⑫ Wine makes us princes, love makes us beggars.
술은 우리들을 왕자로 만들지만 사랑은 우리를 거지로 만든다.

* 1. Wine in, wit out. 술이 들어가면 재담이 나온다.
  Wine is a whet stone to wit. 술은 재담의 숫돌이다.
  When wine sinks, words swim. 술이 들어가면 말이 많아진다.
* 5. Wine is old men's milk.
* 6. Wine discloses the man. Wine washes off the daub.
  술은 겉치레를 없앤다 ; 취중에 평소의 마음(회칠함(가식))을 드러낸다.
* 9. Good wine makes good blood.
* 11. Without bread and wine, even love will pine.
  빵과 술 없이는 사랑도 시든다.

wine

1. Wine is the blood of devil.
   술은 악마의 피다 ; 술은 사람을 미치게 한다.

2. Wine and youth increase love.*
   술과 젊음은 사랑을 증대시킨다.

3. Wine and youth are fire upon fire.
   술과 젊음은 불위의 불꽃이다.

4. Wine to the poet is a winged steed. (Gk)
   시인에게 술은 날개 달린 준마(駿馬)와 같다.

5. Give, in return for old wine, a new song. (Lat)
   오래된 술에 대한 답례로 새로운 노래를 불러라.

6. I like best the wine another pays for. (Gk)
   다른 사람이 지불하는 술이 가장 맛 좋다.

7. Bronze is the mirror of the form ; wine, of the heart.*
   청동(구리)은 외모(자세)의 거울이고 술은 마음의 거울이다.

8. Women and wine do make a man a doting fool.
   여자와 술은 남자를 사랑에 빠진(주책없는) 바보로 만든다.

9. Wine enters the stomach, and business grows ripe in the brain. (Chin)
   술이 위로 들어가면 사업(일)은 머릿속에서 무르익는다.

10. Who loves not woman, wine, and song, remains a fool his whole life long.
    여자와 술과 노래를 사랑하지 않는 사람은 전 생애를 바보로 지내게 된다.

11. Women, money, and wine have their pleasure and their poison. (F)
    여자, 돈, 그리고 술은 각각 즐거움(쾌락)과 독(폐해)을 가지고 있다.

12. The first glass for thirst, the second for nourishment, the third for pleasure and the fourth for madness.
    첫째잔은 갈증을 위해, 둘째잔은 자양물을 위해, 셋째잔은 즐거움을 위해, 넷째잔은 광기를 위해 마신다.

---

*2. A sweet heart is a bottle of wine.
   애인은 달콤한 포도주와 같다.

*7. Wine is the mirror of the mind.
   술은 마음의 거울.(속마음을 드러낸다).

wine

① Old friends and old wine are best.
   옛 친구와 오래된 술이 가장 좋다.

② When wine is in, murder will out.* (Heb)
   술이 들어가면 살인(범죄)은 드러나는 법이다.

③ Wine give us liberty, love takes it away.
   술은 우리에게 자유를 주고 사랑은 자유를 빼앗아 간다.

④ Every cask smells of the wine it contains.*
   술을 담고 있는 모든 통은 그 술냄새가 난다.

⑤ When wine enters, modesty departs.*
   술이 들어가면 겸손은 떠난다.

⑥ Wine and wenches empty men's purses.
   술과 처녀는 남자의 지갑을 비게 한다.

⑦ Wine has drowned more men than the sea.* (Lat)
   술은 바다에서보다 더 많은 사람을 빠져 죽게 했다.

⑧ Wine is a turncoat ; first a friend, then an enemy. (Lat)
   술은 변절자이다. 처음엔 친구, 나중엔 적이 된다.

⑨ Wine gives courage and makes men apt for passion.
   술은 인간에게 용기를 주며 쉽게 격정(흥분)하게 한다.

⑩ Don't put new wine into old bottles. (N. Test)
   새 술은 낡은 병에 담지 마라 ; 새 술은 새 병에.

⑪ Wine is one thing ; drunkenness another. (Lat)
   술과 취하는 것(명정(酩酊))은 별개의 것이다.

⑫ Of wine the middle, of oil the top, and of honey the bottom is the best.
   술은 중간의 것, 기름은 꼭대기, 꿀은 밑바닥의 것이 가장 좋다.

* 2. Wine reveals the true man.
     Wine in, truth out
     술이 들어가면 진심이 드러난다 ; 주발심 담지언(酒發心 膽之言).
* 4. The wine savors of the cask. (tub)
     술에서 술통 냄새가 난다 ; 겉모양으로 내용을 알 수 있다.
* 5. When drink enters, wisdom departs.
     술이 들어가면 지혜(분별)가 도망간다.
* 7. Bacchus has drowned more than Neptune.
     Bacchus kills more than Mars.

milk, tea, vinegar, bed, broom, candle, castle

① Don't cry over spilled milk.*
엎지른 우유에 대해 울지마라 ; 과오에 대해 후회해도 소용없다.

② If you would live forever, wash milk from your liver.
만약 영원히 살려면, 우유로 간장(肝腸)을 씻어내라 ; 우유를 많이 마셔라.

③ Love and scandal are the best sweeteners of tea.
사랑과 추문(醜聞)은 차의 가장 좋은 감미료이다.

④ He cries wine and sells vinegar.
그는 술 사라고 외치고 식초를 판다 ; 양두구육(羊頭狗肉).

⑤ Bed is a medicine. (It)
침대는 약과 같다 ; 휴식은 건강에 이롭다는 뜻.

⑥ As you make your bed, so you must lie on it.*
자신이 만든 침대(잠자리) 위에서 자야 한다 ; 자업자득(自業自得).

⑦ Early to bed, and early to rise, makes a man healthy, wealthy and wise.*
일찍 자고 일찍 일어나는 것은 사람을 건강하고, 부유하고, 현명하게 한다.

⑧ A new broom sweeps clean.*
새 빗자루(비)는 깨끗이 쓸린다 ; 신임자는 묵은 폐단을 일소(새로운 기강〈분위기〉 세움)하는데 열심이다.

⑨ At the foot of the candle it is dark.* (Pers)
촛불의 밑이 어둡다 ; 등잔 밑이 어둡다. 등하불명(燈下不明).

⑩ A candle lights others and consumes itself.*
촛불은 다른 사람을 비추고 자신을 희생(소모)한다.

⑪ Light not a candle to the sun.
햇살 아래에서 촛불을 켜지 마라 ; 명백한 것을 설명하려 하지 마라.

⑫ Castle in the air costs a vast deal to keep up.
공중속의 성은 유지하는데 막대한 비용이 든다 ; 공중누각(空中樓閣). 사상누각(砂上樓閣).

* 1. It is no use crying over spilt milk.
* 6. One must lie on the bed one has made. 자업자득(自業自得). 자승자박(自繩自縛).
  As you bake, so shall you brew.
* 7. Go to bed with the lamb and rise with the lark.
  양같이 일찍자고, 종달새처럼 일찍 일어나라.
* 8. New brooms sweep clean.   * 9. The foot of the candle is dark.
* 10. The candle that goes before gives the best light.
  앞서가는 촛불이 가장 밝다 ; 지도자는 솔선수범 해야 한다.
  You cannot burn the candle at both ends.
  촛불은 양쪽에다 불을 켤 수 없다 ; 정력(건강, 돈)을 낭비하지 마라.

fire, garden, gate, hook, house, key

① Ships dread fire more than water.
배(船)는 물보다 불을 더 무서워 한다.

② As is the garden, such is the gardener. (Heb)
그 정원에 그 정원사.

③ One should cultivate his garden. (Voltaire)
사람은 자신의 정원을 가꾸어야 한다.

④ A creaking gate hangs long.*
삐걱거리는 문이 가장 오래 간다 ; 쭉정밤 3년 간다. 건강치 못한 자가 가장 오래 산다.

⑤ The bait hides the hook.
먹이(미끼)는 갈고리(낚싯바늘)를 감추고 있다 ; 구미 당기는 거래는 숨겨진 결점이 있다.

⑥ In my own house I am king. (Sp)
내 집에서는 내가 왕(임금)이다.

⑦ A man's house is his castle.*
집은 그 사람의 성(城)이다 ; 남의 privacy(사생활) 침해를 원치 않는다.

⑧ A wee(tiny) house has a wide throat.* (Scot)
작은 집은 넓은 목구멍을 가지고 있다 ; 가난한 집에 식구가 많다.

⑨ Fools build houses, and wise men live in them.
바보가 집을 만들면 현자는 그 집에서 산다 ; 우자는 집치장에 힘쓰고 현자는 안정된 생활에 힘쓴다.

⑩ The house is a fine house when good folks are within.
좋은 사람이 안에 기거할 때 그 집은 좋은 집이 된다.

⑪ A golden key opens all doors.* (Yid)
황금열쇠는 모든 문(門)을 연다.

⑫ The used key is always bright.*
사용하던 열쇠는 항상 빛난다.

* 4. Creaking doors hang the longest.
* 7. The house shows the owner. 집은 그 주인을 나타낸다.
* 8. A little house has a wide mouth.
* 11. A golden key opens every door. 돈이면 어느 곳에도 갈 수 있다.
* 12. A plough that works shines. (Dut) 일하는 쟁기는 빛이 난다.
  Iron not used soon rusts.
  사용치 않는 쇠는 곧 녹슨다. 기술 · 재능 또는 기계를 사용(활용)치 않으면 못쓰게 된다.

kitchen, knife, ladder, needle, pitcher, pot

① A fat kitchen makes a lean will
풍요한 부엌은 빈약한 유언이 된다.

② Kitchen physic is the best physic.
부엌의 약(藥)이 가장 좋은 약이다.

③ A little kitchen makes a large house.
작은 부엌은 큰 집을 만든다.

④ Silk and velvet put out the kitchen fire. (G)
비단과 우단(벨벳)은 부엌의 불을 끈다 ; 사치하면 궁핍하게 된다.

⑤ The same knife cuts bread and fingers.
똑같은 칼로 빵과 손가락을 벤다.

⑥ Under a golden sheath a leaden knife.
황금으로 된 칼집속에 납으로 된 칼 ; 빛 좋은 개살구.

⑦ He who would climb the ladder must begin at the bottom.
사닥다리를 오르는 자는 맨 밑에서부터 시작해야 한다.

⑧ A needle is not sharp at both ends. (Chin)
바늘은 양 끝이 뾰족하지 않다.

⑨ Pitchers(walls) have ears.
주전자(벽)도 귀가 있다 ; 낮말은 새가 듣고 밤말은 쥐가 듣는다.

⑩ Little pitchers have great(long) ears.*
작은 주전자가 큰 귀를 가지고 있다 ; 아이들은 듣는 게 빠르다.

⑪ Little pot is soon hot.*
작은 그릇이 쉽게 데워진다 ; 소인은 화를 잘 낸다.

⑫ A watched pot never boils.
바라보고 있는 냄비는 결코 끓지 않는다.

* 10. children have wide ears and long tongues.
* 11. When the pot boils over, it cools itself.
   냄비는 끓어 넘칠 때 그 자신을 식힌다. 화를 내어 스트레스를 푼다.

가을 Autumn

Ⅲ. 지혜 · 자유 · 욕망

wisdom

① No wisdom like silence.*
   침묵과 같은 지혜(슬기)도 없다.

② Wisdom comes by suffering. (Gk)
   지혜는 고통과 함께 온다(고생함으로 얻는다).

③ Wisdom is the only liberty. (Lat)
   지혜는 유일한 자유이다.

④ Wisdom is the wealth of the wise.
   슬기(지혜)로움은 현자의 재산이다.

⑤ Wisdom is the mother of all arts. (G)
   지혜는 모든 예술의 어머니(근본)이다.

⑥ Too much wisdom is folly.* (G)
   지나치게 많은 지혜는 어리석음이다. 대현대우(大賢大愚).

⑦ When wisdom fails, luck helps. (Dan)
   지혜가 결핍될 때 행운이 돕는다.

⑧ Without wisdom wealth is worthless.*
   지혜 없이는 부(재산)도 가치가 없다.

⑨ In much wisdom is much grief. (O. Test)
   많은 지혜(앎) 속에 많은 슬픔(근심)이 있다 ; 식자우환(識者憂患).

⑩ It is easy to be wise after the event.
   사건이 있은 후에 현명하게 되기는 쉽다.

* 1. Humility is the beginning of wisdom.
     겸양(겸손)은 지혜(分別)의 시작.
* 6. Nine-tenths of wisdom is being wise in time. (T. Roosevelt)
     지혜의 9/10(9할)는 적절한 때 현명해 지는 것이다.
* 8. Wisdom is the conqueror of fortune.
     지혜는 운명의 지배자.

wisdom

⑪ Wisdom asks fruit, but folly flowers.
지혜는 열매를 추구하며 어리석음은 꽃을 추구한다.

⑫ Wisdom goes not always by years.*
지혜는 언제나 연륜(세월)과 함께 오지 않는다.

* 12. 'Tis not white hair that engenders wisdom.
지혜를 낳는 것은 백발(연륜)이 아니다.

wisdom, wit

① Learn wisdom by the folly of others.* (It)
다른 사람의 어리석음에 의해서 지혜를 배우라 ; 타산지석(他山之石).

② There is often wisdom under a shabby cloak. (Lat)
지혜는 초라한 외투 밑에 종종 있다.

③ The wise seek wisdom, the fool has found it. (G)
현자(賢者)는 지혜를 추구하고 우자(愚者)는 지혜를 찾아낸다.

④ He that has grown to wisdom does not hurry. (It)
지혜롭게 성장한 사람은 서두르지 않는다.

⑤ In youth and beauty wisdom is but rare. (Homer)
젊고 아름다움 속에는 지혜가 극히 드물다.

⑥ Not by age but by capacity is wisdom attained. (Lat)
연륜(세월)이 아니라 능력(재능)에 의해서 지혜는 획득된다.

⑦ Man's chief wisdom consists in knowing his follies.*
인간의 주된 지혜는 그의 어리석음(無明)을 아는데 있다.

⑧ Wisdom is to the soul what health is to the body. (F)
지혜와 정신의 관계는 건강과 육체의 관계와 같다.

⑨ From hearing comes wisdom, from speaking repentance.
남의 얘기를 잘 들음으로써 지혜를 얻고, 말함에 의해서 후회가 생긴다.

⑩ Wisdom denotes the pursuing of the best ends by the best means. (Maxim Gorki)
지혜는 최선의 방법으로 최상의 결과를 추구함을 의미한다.

⑪ Better wit than wealth.
재산(富)보다 지혜(機智)가 더 낫다.

⑫ So many heads, so many wits.
많은 사람(두뇌), 많은 기지(지혜).

* 1. The brave man's folly - that is life's wisdom. (Juvenal)
  용자의 어리석음, 그것이 인생의 지혜이다.
* 7. Wisdom is knowing when you can't be wise. (F. Hutcheson)
  지혜는 자신이 현명해질 수 없을 때를 아는 것이다.

wit, kindness

① Want makes wit.
궁(窮)하면 통(通)한다 ; 필요(부족)는 재주(재능)를 창출한다.

② It is good to be witty and wise.
재치가 있고 현명한 것은 좋다.

③ Melancholy men are the most witty. (Gk)
우울한 사람은 가장 재치있는 사람이다.

④ Wit is the salt of conversation, not the food.*
기지는 대화의 소금이지 음식은 아니다.

⑤ An ounce of wit is worth a pound of sorrow.
한 온스의 지혜는 한 파운드 슬픔만큼의 가치가 있다.

⑥ Wit without learning is like a tree without fruit.
학문(배움)이 없는 기지(재치)는 열매없는 나무와 같다.

⑦ Kindness comes of will.
친절은 의지에서 나온다 ; 친절은 강요에 의해서 생기지 않는다.

⑧ A kind heart loses naught at last.
친절한 마음은 결국 아무것도 잃지 않는다.

⑨ Nothing is so popular as kindness. (Lat)
어떤 것도 친절만큼 인기있는(값싼) 것도 없다.

⑩ One kindness is the price of another.
하나의 친절한 행위는 다른 친절에 대한 대가이다.

⑪ Nothing grows old sooner than a kindness. (F)
어떤 것도 친절보다 더 빠르게 자라지 않는다.

⑫ A word of kindness is better than a fat pie. (Russ)
친절한 말 한마디는 기름기 있는 파이보다 낫다.

*4. Brevity is the soul of wit.
간결은 지혜(기지)의 핵심이다 ; 간단한 대답이 가장 훌륭한 웅변이다.

kindness, charity,

1. Kindness is more binding than a loan. (Chin)
   친절은 대부(대여)보다 더 구속력이 있다.

2. Kindness is the sunshine in which virtue grows.
   친절은 미덕(선행)을 성장시키는 햇빛과 같다.

3. Kindness is ever the begetter of kindness. (Gk)
   친절은 언제나 친절을 더 낳게 하는 것이다.

4. Kindness costs nothing but can buy everything.*
   친절은 비용이 들지 않지만 무엇이든 살 수 있다.

5. Charity begins at home.
   자비(사랑)는 집(가까운곳)에서부터 시작된다.

6. Only those live who do good. (Tolstoy)
   선을 행하는 사람만이 사는 것이다.

7. We praise who love their fellowman. (Aristole)
   인간은 그들의 동료를 사랑하는 자들을 칭찬한다.

8. He is truely great who has a great charity.
   큰 자비를 가진 자는 참으로 위대하다.

9. What is done for another is done for oneself. (Lat)
   다른 사람을 위해 한 것은 자신을 위한 것이기도 하다.

10. Charity shall cover the multitude of sins. (N. Test)
    사랑은 많은 사람의 죄(잘못)를 덮을 것이다.

11. Who gives me small gifts will have me live. (F)
    나에게 작은 선물을 주는 자는 나를 살게 할 것이다.

12. With malice toward none ; with charity for all. (Lincoln)
    누구에게도 악의를 갖지 말며, 모두에게 자비를 가져라.

*4. Civility costs nothing.
Politeness costs nothing, and gains everything.

boldness, bravery, courage, valor

① Boldness is a bulwark. (Lat)
용기(대담성)는 성채(방파제)와 같다.

② Courage is often caused by fear.* (F)
용기는 종종 두려움(공포)에 의해 생긴다.

③ In valor there is hope. (Lat)
용기가 있는 곳에 희망이 있다.

④ Our valors are our best gods.
용기는 우리의 최상의 신이다.

⑤ A short sword for a brave man. (F)
용감한 사람에게는 짧은 칼(단검).

⑥ A stout heart breaks bad luck.* (Sp)
용감한 마음(용기)은 불행(불운)을 깨뜨린다.

⑦ All are brave when the enemy flies. (It)
적이 도망칠 때는 모두가 용감하다.

⑧ Boldly ventured is half won.* (G)
대담하게 모험한 것은 반(半) 이긴 것이다.

⑨ The better part of valor is discretion.*
용기의 최고 부분은 사려분별(신중함)이다. 도망감(달아남)도 용기가 필요하다.

⑩ There is always safety in valor.
용기 속에 언제나 안전이 있다.

⑪ Boldness leads a man to heaven and to hell.* (Gk)
대담성은 사람을 천국이나 지옥으로 이끈다.

⑫ By boldness great fears are concealed. (Lat)
대담성에 의해서 큰 두려움이 숨겨진다.

* 2. Cowardice, the mother of cruelty.
  비겁함은 잔인함의 모태.
* 6. True courage grapples with misfortune. (Lat)
* 8. Courage conquers all things ; it even gives strength to the body. (Gk)
  용기는 모든 것을 정복하며, 육체적 힘까지도 준다.
* 9. Valour would fight, but discretion would run away.
  용기가 싸울때 신중함은 도망친다.
* 11. A brave man's country is wherever he chooses his abode. (Gk)
  용자의 조국은 어느곳이든 그가 살기로 한 곳이다.

brave, courage, valor

① Fortune favors the brave.* (Lat)
행운은 용자를 돕는다.

② The brave are born from the brave. (Lat)
용자(勇者)는 용자에게서 태어난다.

③ Valor that parleys is near yielding.
담판(교섭)짓는 용기는 굴복(양보)에 가깝다.

④ None but the brave deserve the fair.* (Dryden)
용자 이외에는 아무도 미인을 가질 자격이 없다.

⑤ Valor not founded on prudence is rashness. (Sp)
신중함에서 나오지 않은 용기는 분별없는(성급함) 짓이다.

⑥ It is courage that wins, and not good weapons. (Sp)
이기는 것은 좋은 무기가 아니라 용기때문이다.

⑦ It is easier to use a gun than to show courage.
용기를 보이기보다 총을 사용하기가 더 쉽다.

⑧ No one reaches a high position without boldness.* (Lat)
아무도 대담성없이 높은 지위에 오르지 못한다.

⑨ Valor grows by daring ; fear, by holding back. (Lat)
용기는 대담함에 의해 생기고, 공포는 자제하는 데서 생긴다.

⑩ A valient man's look is more than a coward's sword.
용감한 사람의 모습은 겁쟁이의 칼보다 낫다.

⑪ The test of courage is to bear defeat without losing heart.*
용기의 시험은 상심하지 않고 좌절(패배)을 견디는 것이다.

⑫ The charm of the best courage is that they are inventions, inspirations, flashes of genius. (Emerson)
가장 훌륭한 용기의 매력은 발명, 영감, 천재의 번뜩임(섬광)이다.

* 1. God helps the brave. (Schiller)
* 4. Faint heart never won fair lady.
  겁 많은 사람은 미인을 얻을 수 없다.
* 8. A small heart has small desires.
  옹졸한 마음은 작은 욕망을 갖는다.
* 11. One man with courage makes a majority.
  용기 있는 한 사람이 다수파를 만든다.

venture, moderation, temperance

① Nothing venture, nothing have.*
모험하지 않으면 갖는 것도 없다.

② He that ventures not fails not. (F)
모험하지 않는 자는 실패하지 않는다.

③ Ventures make men and ventures break men.*
모험은 사람을 만들기도 하고 파멸시키기도 한다.

④ He that would catch fish must venture his bait.
고기를 잡으려는 자는 그의 미끼를 내걸어야 한다.

⑤ He that dare not venture must not complain of ill luck.*
감히 모험하지 않는 자는 불운(불행)을 불평해서는 안된다.

⑥ If you do not enter a tiger's den you cannot get his cubs. (K)
만약 그대가 호랑이 굴에 들어가지 않으면, 그 새끼를 잡을 수 없다.

⑦ Temperance is a bridle of gold.
절제(극기)는 황금의 말굴레(구속)와 같다.

⑧ Temperance is the best medicine.*
절제는 가장 좋은 약이다.

⑨ Temperance is the nurse of chastity.
절제는 순결(정절)의 유모(간호사)이다.

⑩ True happiness springs from moderation. (G)
진정한 행복은 중용(절제)에서 나온다.

⑪ The best things carried to excess are wrong.
무절제(극단)까지 가면 가장 좋은 일도 잘못된 것이다 ; 과유불급(過猶不及).

⑫ Temperance consists in foregoing bodily pleasures. (Lat)
절제(극기)는 육체적인 즐거움(쾌락)을 앞서감(그만둠)에 있다.

* 1. Who ventures nothing has no luck. (Sp)
호랑이 굴에 들어가야 호랑이를 잡는다.

* 3. Adventure is the vitamine in histories both of individual and social.
모험은 개인 및 사회 역사의 활력소이다.

* 5. Through want of enterprise and faith men are where they are, buying and selling, and spending their lives like slaves. (H.D. Thoreau)
모험심과 신념이 부족한한 인간은 노예처럼 자기들의 생명을 사고 팔고 소비하면서 자기들이 있는 곳에 내내 있다.

* 8. Rule lust, temper tongue, and bridle the belly. (John Ray)
욕정엔 통제(규제), 혀엔 절제, 식욕엔 혁대.

moderation, discretion, freedom, liberty

① The golden rule in life is moderation in all things. (Lat)
인생의 황금률은 모든 일(만사)에 있어서 절제(중용)에 있다.

② Moderation is best.* (Gk)
중용(中庸)이 최선이다.

③ Measure is medicine.
측정(조절/잼)은 약이다.

④ Men live better on little. (Lat)
사람은 작은 것으로 더 잘 산다.

⑤ Enough is enough for the wise. (Gk)
현자에겐 넉넉한 것이 충분하다.

⑥ Only moderation gives charm to life. (G)
중용만이 인생에 매력(매력)을 준다.

⑦ Who wishes to travel far spares his steed. (F)
멀리 여행하기를 희망하는 자는 그의 말(馬)을 아낀다.

⑧ Stretch your legs according to your coverlet.
그대 침대의 이불에 맞춰 그대 발을 뻗쳐라. 분수(分數) 지켜라.

⑨ An ounce of discretion is worth a pound of wit.*
한 온스의 신중함은 한 파운드의 지혜의 가치가 있다.

⑩ Too much liberty spoils all.*
지나치게 많은 자유는 모든 자유를 망친다.

⑪ The lovers of freedom will be free.
자유를 사랑하는 자(애호가)는 자유롭게 될 것이다.

⑫ That is not freedom where all command.
모두가 명령하는 곳에는 자유가 없다.

*2. In everything the middle course is best. All excess brings trouble to mankind. (Plautus)
만사에 중용이 으뜸. 모든 과도(過度)함은 인류에게 고통을 가져다 준다.

*9. An ounce of prevention is worth a pound of cure.
호미로 막을 것을 가래로 막는다. 예방이 치료다.

*10. Liberty is the right of doing whatever the laws permit. (Montesquieu)
자유란 법률이 허용하는 것은 무엇이나 할 수 있는 권리다.
Absolute freedom is inhuman.
절대적 자유는 비인간적이다 ; 어느 정도 제한된 자유가 사회질서를 유지한다.

freedom, truth

① Only a free soul will never grow old. (G)
자유로운 사람(영혼)은 결코 나이를 먹지 않는다.

② The sweetest freedom is an honest heart.
가장 달콤한 자유는 정직한 마음이다.

③ Better be a free bird than a captive king.* (Dan)
포로된 왕보다 자유로운 새가 더 낫다.

④ Freedom is only in the land of dreams. (Schiller)
자유는 꿈(이상)의 나라에만 있다.

⑤ No man is free who is not master of himself. (Gk)
그 자신의 주인이 아닌 자는 어느 누구도 자유롭지 않다.

⑥ To enjoy freedom, be the slave of philosophy. (Lat)
자유를 즐기기 위해서는 철학의 노예가 되라.

⑦ To speak his thought is every freeman's right. (Homer)
자신의 사상(생각)을 말하는 것은 모든 자유인의 권리이다.

⑧ Who has lost his freedom has nothing else to lose. (G)
그의 자유를 잃은 자는 그 밖에 다른 잃을 것이 없다.

⑨ Man is free at the moment he wishes to be. (Voltaire)
사람은 그가 자유롭게 되기를 희망하는 순간(시간)부터 자유롭다.

⑩ The truth will out.*
진리는 드러나게 마련이다.

⑪ The truth is the best advocate.
진리는 가장 좋은 대변자(주창자)이다.

⑫ The devil sometimes speaks the truth.*
악마도 때때로 진실을 말한다.

* 3. Lean liberty is better than fat slavery.
  여윈 자유는 살찐 노예 신분보다 낫다 ; 부유하면서 노예인 상태보다 자유로운 것이 낫다.
* 10. Time discovers truth. (Lat)
  시간은 진실(진리)을 밝힌다.
* 12. Children and fools(drunkards) tell(speak) the truth.
  아이와 바보(술주정뱅이)는 진실(진리)을 말한다.

truth

① Truth is God's daughter.* (Sp)
진리는 신(神)의 딸이다.

② Truth never grows old.*
진리는 결코 늙지 않는다.

③ Simple are the words of truth. (Gk)
진리의 말은 단순하다.

④ Truth is better than gold. (Arab)
진리는 황금보다 낫다.

⑤ No man has seen pure truth. (Gk)
어떤 사람도 순수한 진리를 보지 못했다.

⑥ It is right to yield to truth.* (Lat)
진리에 굴복(양보)하는 것이 옳다.

⑦ Nothing is true than the truth. (Lat)
어떤 것도 진리보다 더 진실하지 않다.

⑧ That is true which all men say.
모든 사람이 말하는 것이 진리(참)이다.

⑨ Truth gives wings to strength.
진리는 힘(권력)에다 날개를 달아 준다.

⑩ Truth is a means, not an end.
진리는 수단(방법)이지 목표(목적)가 아니다.

⑪ Truth is the pleasantest of sounds. (Plato)
진리는 가장 유쾌한(즐거운) 소리이다.

⑫ Truth is eternal, and the son of heaven.
진리는 영원하며 또 하늘의 아들이다.

*1. Truth is the daughter of time. (Lat)
진리는 시간의 딸이다.
*2. The truth is always green.
*6. Truth conquers all things. (Lat)
진리는 모든 것을 정복한다.

truth, justice

① Truth flows in wine.(In vino veritas.)* (Lat)
진리(진실)는 술 속에 흐른다.

② Face to face the truth comes out.
얼굴 대(對) 얼굴에서 진실이 드러난다.

③ Half the truth is often a great lie.
반쯤의 진리는 종종 큰 거짓말과 같다.

④ Oil and truth will come to the surface.
기름과 진리는 표면에 떠오른다.

⑤ The man who finds a truth lights a torch.
진리를 발견한 자는 횃불에 불을 붙인다.

⑥ Truth and roses have thorns about them.*
진리와 장미는 그들 주위에 가시를 갖고 있다.

⑦ Speak the truth and shame the devil.* (It)
진리를 말하라, 그러면 악마를 부끄럽게 한다.

⑧ Truth is afraid of nothing but concealment.
진실(진리)은 은닉(은폐) 이외에는 아무것도 두려워 않는다.

⑨ Truth is stranger than fiction. (Byron)
진실(현실)은 허구(소설)보다 더 이상(기묘)하다.

⑩ Truth gives a short answer ; lies go roundabout. (G)
진리(진실)는 답이 짧으나, 거짓말은 우회(에움길, 변명)로 간다.

⑪ Justice is truth in action. (Joubert)
정의는 행동안에 있는 진리이다.

⑫ Justice without strength is helpless, strength without justice is tyrannical... Being unable to make what is just strong, we have made what is strong just. (B. Pascal)
힘없는 정의는 무기력(무능)이며, 정의 없는 힘은 압제(폭군)다. 우리는 정당한 것을 강하게 할 수 없어 강한 것을 정당한 것으로 만들었다.

* 1. There's many a true word spoken in jest.
  농담속에 많은 진실이 있다 ; 언중유골(言中有骨).
* 6. The words of truth are always paradoxical. (Lao-Tsze)
  진리의 말은 항상 역설적이다.
* 7. Truth makes the devil blush.
  진실은 악마도 부끄럽게 만든다.

justice, joy, pleasure

① Justice, even if slow, is sure. (Gk)
정의는 비록 늦지만 확실하다.

② Justice without wisdom is impossible.
지혜없는 정의는 불가능하다.

③ The extremity of justice is injustice.*
극단적인 정의는 부당(불법, 不公平)하다.

④ Where justice reigns, 'tis freedom to obey.
정의(正義)가 통치(지배)하는 곳에 자유가 복종한다.

⑤ Any time is the proper time for justice. (Gk)
정의를 위해서는 어떤 때(시간)도 적당하다.

⑥ After sorrow, joy. (Lat)
슬픔 다음에 기쁨 ; 고진감래(苦盡甘來).

⑦ No joy without annoy(anguish).*
고통 없이는 어떤 기쁨도 없다 ; 모든 기쁨에는 슬픔이 수반되어 있다.

⑧ A joy that's shared is a joy made double.
기쁨은 나누면 두 배가 된다.

⑨ Joy and sorrow are next-door neighbours.*
기쁨과 슬픔은 바로 이웃이다.

⑩ Brief is sorrow, and endless is joy. (Schiller)
슬픔은 짧지만 기쁨은 끝이 없다.

⑪ Every inch of joy has an ell of annoy(annoyance).
한 치(인치)의 기쁨은 한 되(엘-45인치)의 고통이 된다. 짧은 희열, 긴 후회.

⑫ Great joys weep, great sorrows laugh. (F)
큰 기쁨은 울지만 큰 슬픔은 웃는다.

* 3. Delay of justice is injustice.
  정의의 지체는 불의(不義)와 같다.
* 7. No pleasure without pain.
* 9. Joy and sorrow are today and tomorrow.
  기쁨과 슬픔은 오늘과 내일 사이다.

pleasure, mirth

① Stolen pleasures are sweet.*
훔친 기쁨(쾌락)은 달다.

② 'Tis never too late for delight.
기쁨에는 너무 늦다는 법이 없다.

③ Pleasures are the baits of evil. (Lat)
쾌락(즐거움)은 악의 먹이(미끼)이다.

④ Pleasures in moderation relax. (Lat)
적당한 쾌락(즐거움)은 긴장을 풀어준다.

⑤ Sweet is pleasure after pain. (Dryden)
고통 뒤의 쾌락은 달다.

⑥ Short pleasure, long lament.* (F)
짧은 즐거움(쾌락), 긴 후회(한탄).

⑦ Pleasure makes the hours seem short.*
즐거움은 시간을 짧게 만든다.

⑧ Never pleasure without repentance.
후회없는 쾌락도 없다.

⑨ A merry host makes merry guest. (Dut)
즐거운 주인은 즐거운 손님을 만든다.

⑩ God made all pleasures innocent. (Norton)
신(神)은 모든 쾌락을 천진난만(순결)하게 만든다.

⑪ An ounce of mirth is worth a pound of sorrow.
한 온스의 기쁨(환희)은 한 파운드의 슬픔만하다.

⑫ A merry heart does good like a medicine. (O. Test)
즐거운 마음은 약(藥)처럼 몸에 이롭다.

* 1. Forbidden fruit is sweetest.
  금단의 열매는 달다.
* 6. Every inch of joy has an ell of annoyance.
* 7. Most pleasures like flowers when gathered die.
  쾌락은 꽃과 같이 쌓였다가 죽는다 ; 화무십일홍(花無十日紅).

pleasure, anger

① Pleasures are transient, honors are immortal. (Gk)
쾌락은 잠시(잠깐)이나, 명예는 영원하다.

② The pleasure of the mighty are the tears of the poor.
강자(强者)의 쾌락은 가난한 사람(貧者)의 눈물이다.

③ Pleasure is the greatest incentive to vice. (Gk)
쾌락은 악(惡)에 대한 가장 큰 자극이다.

④ The end of mirth is the beginning of sorrow. (Dut)
환희(기쁨)의 끝은 슬픔의 시작이다. 흥진비래(興盡悲來).

⑤ If you long for pleasure, you must labor hard to get it. (Chin)
만약 즐거움을 갈망한다면, 그것을 얻기 위해 열심히 일해야 한다.

⑥ Pleasure is frail like a dewdrop ; while it laughs, it dries. (Tagore)
쾌락은 이슬처럼 연약하다. 웃고 있을 때 그것은 마른다.

⑦ Anger edges valor.
분노는 용기를 날카롭게 한다.

⑧ Anger without power is folly. (G)
힘없는 분노는 어리석음이다.

⑨ Rage is a brief insanity.* (Lat)
격노는 순간의 광기이다.

⑩ Short folk are soon angry.
성미 급한 사람(小人)은 쉽게 화를 낸다.

⑪ Anger and haste hinder good counsel.
분노와 서두름은 좋은 충고(상담)를 방해한다.

⑫ Let not the sun go down on your wrath.
하루(해)가 그대의 분노 위로 지게 하지 마라 ; 하루가 가기전에 그대의 논쟁이나 언쟁을 해결하라.

＊9. Anger is a short madness.

anger, wrath, grief, sorrow

1. The greatest remedy for anger is delay.*
   분노에 대한 가장 큰 치료약은 지연(유예)이다.

2. When a man grows angry, his reason rides out.
   사람이 분노하게 될 때 그의 이성(理性)은 밖으로 나간다.

3. Anger begins with folly and ends with repentance.
   분노는 어리석음으로 시작해서 후회로 끝난다.

4. He overcomes a stout enemy who overcomes his own anger.
   그 자신의 분노를 참는 사람은 용감한 적도 극복한다.

5. A soft answer turns away wrath ; but grievous words stir up anger. (O. Test)
   부드러운 대답은 분노를 쫓아버린다. 그러나 마음아픈(참기 어려운)말은 분노(성냄)를 자극시킨다.

6. Sorrow is always dry.
   슬픔은 언제나 꾸밈이 없다.

7. Grief makes one hour ten.*
   슬픔은 1시간을 10시간이 되게 한다. 고뇌는 시간을 길게 느끼게 한다.

8. New grief awakens old.
   새로운 슬픔은 옛 슬픔을 일깨운다.

9. Grief is carried off by tears. (Lat)
   슬픔은 눈물로 씻겨진다.

10. The only cure for grief is action.
    슬픔에 대한 유일한 치료는 활동이다.

11. Great griefs medicines the less.
    큰 슬픔은 작은 슬픔을 치료한다.

12. Rejoice not in another's sorrow. (Turk)
    다른 사람의 슬픔을 기뻐하지 마라.

* 1. When angry, count to a hundred.
     화가 났을 때 100까지 세면 분노가 사라진다.
* 7. A day of sorrow is longer than a month of joy. (Chin)

grief, sadness, sorrow

① There is no day without sorrow. (Lat)
슬픔이 없는 날이 없다.

② Two in distress make sorrow less.
재난(역경)중인 두 사람은 슬픔을 적게 한다. 동병상련(同病相憐).

③ The remembrance of past sorrow is joyful.*
과거의 슬픔에 대한 회상(추억)은 즐거운 것이다.

④ Sadness and gladness succeed each other.
슬픔과 기쁨은 서로서로 뒤쫓는다.

⑤ The longest sorrow finds at last relief.
가장 긴(오랜) 슬픔도 마침내 위로(구원)을 얻는다.

⑥ A day of sorrow is longer than a month of joy.* (Chin)
슬픔의 하루는 기쁨의 한 달보다 더 길다.

⑦ Small sorrows speak ; great ones are silent.* (Lat)
작은 슬픔은 말하게 하지만, 큰 슬픔은 침묵케 한다.

⑧ Little griefs make us tender ; great ones make us hard.
작은 슬픔은 우리를 상냥하게 하지만, 큰 슬픔은 감정을 무디게(격렬하게) 한다.

⑨ There is no grief which time does not lessen.* (Lat)
시간(세월)이 누그러뜨리지 않는 슬픔도 없다.

⑩ A sorrow shared is half a trouble, but joy that's shared is double.
나누어 가진 슬픔은 고통을 반으로 하지만, 나누어진 기쁨은 배(倍)가 된다.

⑪ There is a sort of pleasure in indulging grief.
슬픔에 잠기는(빠지는) 것도 일종의 기쁨이다.

⑫ Sudden joy kills us sooner than excessive grief.
불시의 기쁨은 지나친 슬픔보다 더 빨리 죽게한다 ; 큰 기쁨은 오랜 슬픔보다 더 많은 사람을 죽게 한다.

* 3. Sorrows remembered sweeten present joy.
    회상된 슬픔은 현재의 즐거움을 달콤하게 한다.
* 6. Grief makes one hour ten. (hour)
* 7. Light griefs can speak ; but deeper ones are dumb. (Lat)
* 9. Time softens grief.

pity, sympathy, hate, hatred

① Pity is akin to love.*
연민은 사랑의 친척이다.

② Pity and need make all flesh kin.
연민(동정)과 필요는 모든 사람을 친척으로 만든다.

③ Whenever we meet misery, we owe pity.
우리가 불행과 만날 때마다 우리는 동정을 빚지고 있다.

④ A brother's sufferings claim a brother's pity.
형제의 고통은 형제의 동정(연민)을 요구한다.

⑤ He that pities another remembers himself.
다른 사람을 동정하는 사람은 그 자신을 생각하게 된다.

⑥ Sympathy without relief is like mustard without beef.
위로(안도감)없는 동정(연민)은 쇠고기 없는 겨자와 같다.

⑦ Hatred is self-punishment.
증오는 스스로의 벌(自責)이다.

⑧ Hatred is a settled anger. (Lat)
미움은 뿌리깊은(오래된) 분노이다.

⑨ Hate knows no age but death.
증오는 죽음 이외에는 연령(나이)을 모른다.

⑩ Hatreds are the cinders of affection.
미움(증오)은 애정(사랑)의 찌꺼기이다.

⑪ Hatred is blind as well as love.
미움은 사랑과 마찬가지로 맹목적이다.

⑫ Severity breeds fear, roughness, hatred.
엄격함은 두려움을 낳지만 난폭함은 증오를 낳는다.

* 1. Pity often engenders love.
  동정이 흔히 사랑이 된다.

hate, hatred, avarice, greed, lust, desire

① Hate and mistrust are the children of blindness.
미움과 불신은 무분별(무지)의 아들이다.

② Hatred stirs up strife ; but love covers all sins. (O. Test)
미움은 투쟁(싸움)을 자극(선동)하고, 사랑은 모든 죄(罪)를 덮는다.

③ All covet, all lose.*
모든 것을 탐하면 모든 것을 잃는다 ; 대탐대실(大貪大失).

④ Avarice increases with wealth.
탐욕은 재산(富)과 더불어 증대한다.

⑤ Avarice blinds our eyes.
욕심은 우리들의 눈을 멀게 한다 ; 탐욕은 눈이 없다.

⑥ Want is the master of mankind.
욕망은 인류의 주인이다.

⑦ He who covets is always poor.* (Lat)
탐욕의 사람은 언제나 가난하다.

⑧ Greed and the eye can no man fill. (G)
어떤 사람도 욕심(탐욕)과 눈을 충족시킬 수 없다.

⑨ The more a man has, the more he desires.* (It)
인간은 많이 가질수록 더 많이 원한다.

⑩ Rule lust, temper tongue, and bridle the belly.*
욕망을 다스리고 혀를 조절하며 배를 억제하라.

⑪ Nothing crave, nothing have.
갈망하는 것이 없으면, 얻는 것도 없다.

⑫ The fewer desires, the more peace.
욕망이 적을수록, 안정(平安)은 크다. 안빈낙도(安貧樂道).

* 3. Grasp all, lose all.
* 7. The avaricious man is always in want.
  탐욕스러운 자는 언제나 부족함을 느낀다.
* 9. Those who covet much want much. (Lat)
  The more he has, the more he wants.
* 10. Temperance is the best medicine.

desire, taste, beauty, haste

① Desire has no rest.*
  욕망에는 휴식(끝)이 없다.

② Desire beautifies what is ugly. (Sp)
  욕망은 추한 것을 미화(美化)시킨다.

③ Humble hearts have humble desires.*
  겸허한 마음은 수수한 욕망을 갖는다.

④ We live in our desires, not in our achievement.
  우리는 우리의 성취(업적)에 사는 것이 아니라 욕망에 산다.

⑤ Go home and make a net if you desire to get fishes. (Chin)
  만약 고기를 잡으려면, 집에 가서 그물을 만들어라.

⑥ Every man has his taste.*
  모든 사람은 저마다 취미가 있다.

⑦ A thing of beauty is a joy forever. (Keats)
  아름다움은 영원한 기쁨이다 ; 아름다운 경험은 오래간다.

⑧ Beauty is but skin-deep. (Russ)
  미인은 단지 피부 한꺼풀 차이 ; 미추(美醜)는 종이 한 장 차이. 외모로만 사물을 판단하지 마라.

⑨ Over the greatest beauty hangs the greatest ruin.
  절세의 가인은 크게 영락된다 ; 가인박명(佳人薄命). 재사다병(才士多病).

⑩ Beauty and folly are often companion.*
  아름다움(美)과 어리석음(愚)은 종종 함께 한다.

⑪ Beauty is in the eye of the beholder.
  아름다움은 관찰자의 눈에 달렸다. 제 눈의 안경.

⑫ Make haste slowly.*
  천천히 서둘러라 ; 성급히 어떤 일을 하기 전에 신중히 생각하라.

* 1. Avarice is never satisfied.
* 3. Heaven favors good desire. (Sp)
* 6. There is no accounting for tastes. Tastes differ.
  사람마다 취미도 갖가지.
* 10. Beauty and folly are often sisters.
  미인과 바보는 자매사이다.
* 12. Haste makes waste.
  서두르면 일을 망친다.

haste, help, hunger, waste, conscience

① **More haste, less speed.***
바쁠수록 천천히 ; 어떤 일을 서둘러하면 부주의 때문에 더 늦게 된다.

② **A hasty man drinks his tea with a fork.**
성급한 사람은 포크를 갖고 차를 마신다 ; 우물에 가서 숭늉 찾는다.

③ **Self-help is the best help.***
자조(自助)가 최상의 도움이다.

④ **A little help is worth a deal of pity.**
작은 도움이 많은 동정보다 낫다 ; 어떤이에게는 실질적인 도움이 동정보다 낫다.

⑤ **Hunger is the best sauce.***
시장이 반찬 ; 배고픔은 식욕을 가져다 준다.

⑥ **Waste brings woe.**
낭비(소비)는 고통(비애)을 가져온다.

⑦ **Waste not, want not.**
낭비하지 않으면 부족(필요)도 없다 ; 소유한 것을 잘 관리하면 부족하지 않게 된다.

⑧ **Waste makes want.***
낭비는 부족(결핍, 필요)을 불러 온다.

⑨ **A good conscience is a soft pillow.**
착한 마음(양심)은 부드러운 베개와 같다 ; 마음이 편하면 잠자리가 편안하다.

⑩ **Man is a conscience being.***
인간은 의시(자각) 있는 존재다.

⑪ **Conscience is the voice of god in the soul.**
양심은 영혼(내면)에 있는 신(神)의 목소리.

⑫ **A guilty conscience needs no accuser.**
양심의 죄를 느끼는 자는 구태어 고소자가 필요없다. 도둑이 제 발 저린다.

*1. Haste trips over its own heels.
성급함은 그의 발뒤꿈치까지 간다 ; 바쁠수록 천천히 하라.

*3. Aid yourself and heaven will aid you.

*5. Nothing comes amiss to a hungry man. Hunger knows no delicacy.
배고픈 자에겐 무엇이든 환영받는다 ; 시장이 반찬.

*8. Wilful waste makes woeful want.
멋대로(의도적)의 낭비는 슬픈(비참한) 부족함(가난)을 가져온다.

*10. Follow your own conscience.
양심(내면의 소리)에 따라 살아라.

겨울 Winter

I. 내일·직업

tomorrow, future, death

① Tomorrow never comes.*
내일은 결코 오지 않는다 ; 오늘의 할 일을 내일로 미루지 마라.

② No one has ever seen tomorrow.*
아무도 내일을 보지 못했다.

③ Every tomorrow brings its trouble.
내일은 내일의 문제(괴로움)가 있다..

④ What's lost today may be won tomorrow. (Sp)
오늘 잃어버린 것을 내일 얻을 수도 있다.

⑤ No man can tell what the future may bring forth. (Gk)
어떤 사람도 미래가 무엇을 가져올지 모른다.

⑥ Have no care for the future, and you will sorrow for the present. (Chin)
미래에 대해 염려하지 마라, 그러면 당신은 현재에 대해 슬퍼할 것이다.

⑦ The dead are soon forgotten.*
죽은 자(死者)는 곧 잊혀진다.

⑧ Death pays all debts. (F)
죽음은 모든 부채(빚)를 갚는다.

⑨ He that once is born, once must die.
한 번 태어난 자는 한 번 죽어야 한다.

⑩ Death is a debt we must all pay. (Gk)
죽음은 우리 모두가 갚아야 하는 부채(빚)이다.

* 1. Tomorrow is another day.
    Tomorrow is a new day.
    내일이면 늦는다.
* 2. My country is tomorrow. (F)
    나의 조국은 내일이다.
* 7. Dead men tell no tales.
    죽은 자는 말이 없다.

tomorrow, future, death

⑪ Death is rather than a toilsome life. (Gk)
죽음은 고생스런 삶보다 낫다.

⑫ Always speak well of the dead.
죽은 자에 대해 언제나 좋게 말하라 ; 죽은 자(死者)는 스스로를 위해 해명(책임) 할 수 없기에 살아 남은 자에 달렸다.

death

① All that lives must die.
　살아가는 모든 것은 죽어야 한다. 생자필멸(生者必滅)

② Death is the grand leveller.*
　죽음은 위대한 평등주의자이다 ; 저승길에 임금없다.

③ No one needs calendar to die.*
　어느 누구도 죽는데 달력(순서)이 필요없다.

④ Remember you must die. (Lat)
　그대도 죽어야 한다는 것을 잊지마라.

⑤ Me dead, the world is dead.* (It)
　내가 죽으면 세상도 죽는다.

⑥ The doors of death are ever open.
　죽음의 문은 언제나 열려 있다.

⑦ Who(m) the gods love die young. (Gk)
　신(神)이 사랑하는 사람은 젊어서 죽는다. 미인박명. 재사다병.

⑧ As soon as a man is born, he begins to die.
　사람은 태어나자마자 죽기 시작한다.

⑨ All men are born richer than they die. (G)
　모든 사람은 그들이 죽을 때 보다는 더 부유하게 태어난다.

⑩ To die well is the chief part of virture. (Gk)
　잘 죽는 것(考終命)은 덕(五福)의 중요한 부분이다.

⑪ Judge none blessed before his death. (Apocry)
　아무도 그가 죽기전에 축복받은 사람이라고 판단치 마라 ; 개관사정(蓋棺事定).
　관(棺, coffin) 뚜껑이 덮힌 후 평가하기.

⑫ Peace, rest and sleep are all we know of death.
　평화, 휴식 그리고 영면(永眠)이 우리가 죽음에 대해 아는 전부이다.

*2. Death is a great leveller.
　죽음은 모든 이를 평등하게 한다.
　Death levels all things. (Lat)
*3. Death keeps no calendar.
　죽는 데는 순서가 없다.
*5. When I die, the world dies with me.

death

① Sleep is the brother of death.
잠(수면)은 죽음의 형제(一種)이다.

② A fair death honors a whole life.*
당당한(떳떳한) 죽음은 전(全) 생애를 명예롭게 한다.

③ Six feet of earth make all equal.*
6피트 흙이 모든 사람을 평등하게 한다(똑같게 한다).

④ Never say die.
결코 죽겠다고 말하지 말라 ; 희망을 포기하지 마라.

⑤ There is no medicine against death. (Lat)
죽음에 대비한 약(不老草)은 없다.

⑥ Death is rest from labor and misery. (Lat)
죽음은 노동과 불행으로부터의 휴식(休息)이다.

⑦ Nothing is certain but death and quarterday.*
죽음과 세금내는 날 이외에는 확실한 것이 없다.

⑧ Not death is dreadful but a shameful death. (Gk)
수치스런 죽음 이외에 어떤 죽음도 두렵지 않다.

⑨ The fear of death is worse than death itself. (Lat)
죽음의 공포는 죽음 자체보다 더 나쁘다(무섭다).

⑩ The life of the dead is in the memory of the living. (Lat)
죽은 자의 생활(생애)은 살아있는 사람의 기억속에 있다.

⑪ Men fear death, as children fear to go in the dark.
아이들이 어둠속으로 가는 것을 두려워하듯 사람은 죽음을 두려워한다.

⑫ Old men go to death, but death comes to young men.
노인(老人)은 죽음으로 나날이 다가가지만 죽음은 젊은이(靑年)를 찾아간다.

* 2. A good death does honor to a whole life. (It)
* 3. Death makes equal the high and the low.
* 7. Nothing is so sure as death.

death, war, offence

① Make little weeping for the dead, for he is at rest. (Apocry)
죽은 사람을 위하여 울지마라, 왜냐하면 그가 휴식하고 있기 때문이다.

② War is death's feast.
전쟁은 죽음의 잔치(축제)이다.

③ All is fair in love and war.
사랑과 전쟁에서는 모든 것이 공평하다 ; 사랑과 전쟁엔 수단과 방법을 가리지 않는다.

④ He who has land has war. (It)
땅(所有地)을 가진 자는 싸움(전쟁)을 하기 마련이다.

⑤ A just war is better than an unjust peace. (Gk)
정당한 전쟁은 부정당한 평화보다 낫다.

⑥ God is on the side of the big battalions.* (F)
신(神)은 큰 부대(部隊/强者)의 편에 있다.

⑦ War makes thieves and peace hangs them.
전쟁은 도둑을 낳고 평화는 그들을 매어단다(교수형).

⑧ Talk of the war, but do not go to it. (Sp)
전쟁에 대해 말하라, 그러나 전쟁터엔 가지마라.

⑨ The first blow is half the battle.
첫 타격(공격)은 싸움(전쟁)에서 반 이긴 것과 같다 ; 선제 공격은 유리하다.

⑩ In war it is not permitted to make a mistake twice.
전쟁에선 두 번 실수가 허용되지 않는다.

⑪ War, hunting, and love are as full of trouble as pleasure.
전쟁, 사냥, 사랑은 쾌락만큼 고통도 많다.

⑫ Offence is the best defence.*
공격은 최상의 방어다.

* 6. God is for the big battalions.
   신은 강한 군대 편에 선다.
* 12. Attack is the best of defence.

artist, barber, carpenter, cobbler, cook, cosmopolitan, critic, doctor

1. The great artist is the simplifier.
   위대한 예술가는 단순화시키는 사람이다.

2. Every artist was first an amateur. (Emerson)
   모든 예술가는 처음에는 모두 아마추어(同好人)였다.

3. A great artist can paint a great picture on a small canvas.
   위대한 예술가는 작은 캔버스(화판) 위에 큰 그림을 그릴 수 있다.

4. A young barber and an old physician.*
   젊은 이발사와 늙은 의사.

5. A barber learns to shave by shaving fools.
   이발사는 바보들을 면도함으로써 면도하는 것을 배운다.

6. A carpenter is known by his chips.*
   목수는 그가 자른 나무 토막으로 알 수 있다.

7. The cobbler's wife goes the worst shoe.*
   구두 수선장이 아내는 헌 신발을 신는다 ; 짚신장이 헌신 신는다.

8. Too many cooks spoil the broth.*
   너무나 많은 요리사는 고깃국을 망친다. 사공이 많으면 배가 산으로 올라간다.

9. I am a citizen of the world. (Diogenes)
   나는 세계의 시민이다.

10. All the world is the fatherland of a noble soul. (Gk)
    전세계는 고귀한 사람의 조국이다.

11. A unsuccessful author turns critic.*
    성공하지 못한 작가(저자)가 비평가가 된다.

12. Every doctor thinks his pills the best. (G)
    모든 의사는 그의 알약이 최고의 것이라고 생각한다.

* 4. Beware of the young doctor and the young barber.
* 6. Like carpenter, like chips.
     A cook is known by his knife.
     요리사는 그의 칼에 의해 알 수 있다.
* 7. All cobblers go barefoot. (Lat)
     구두 수선장이는 맨발로 다닌다.
* 8. Many cooks spoil the broth(soup).
* 11. A critic is a legless man who teaches running.

doctor, physician, surgeon, nurse

① After death the doctor.
죽음 뒤 의사 ; 사후약방문(死後藥方文).

② An old physician and a young lawyer.
늙은 의사와 젊은 변호사.

③ Better pay the baker than the doctor.* (F)
의사보다는 빵장사에게 돈을 지불하는 것이 낫다 ; 평소에 음식을 잘 먹어라.

④ Every doctor has his favorite disease.
모든 의사는 잘 다루는(長技,專門) 병(病)이 있다.

⑤ God heals and the doctor takes the fee.
치료는 신(神)이 하고 의사는 수수료를 받는다.

⑥ Physicians kill more than they cure.*
의사는 치료하기보다 더 많이 사람을 죽인다.

⑦ Tender surgeons make fool wounds. (It)
상냥한 의사는 상처를 썩게(불결하게) 만든다.

⑧ Though the patient die, the doctor is paid.
비록 환자는 죽지만 의사는 돈을 받는다.

⑨ Every man is a fool or a physician at forty.
모든 사람은 나이 40세에 바보거나 의사이다.

⑩ Nature, time, and patience are the three great physicians.*
자연(自然), 시간(時間), 인내(忍耐)는 세 위대한 의사이다.

⑪ A good surgeon must have an eagle's eye, a lion's heart, and a lady's hand.
훌륭한 의사는 독수리의 눈, 사자의 심장, 부인의 손을 가져야 한다.

⑫ The nurse is valued till the child has done sucking.
간호사(보모)는 아이가 젖을 빨아먹을 때까지 가치가 있다.

* 3. Have a cook rather than a doctor.
의사보다 요리사를 가까이 하라.

* 6. A new doctor, a new gravedigger. (G)
새로운 의사, 새로운 무덤을 파는 사람(일꾼).
An ignorant doctor is no better than a murderer. (Chin)
무식한 의사는 살인자보다 더 낫지 않다.

* 10. Nature, sunlight and patience are three great physicians.

expert, lawyer, judge, merchant

① An expert is one who knows more and more about less and less.
전문가는 보다 적은 것에 대해 보다 많은 것을 알고 있는 사람이다.

② A good lawyer, an bad neighbor.
훌륭한 변호사는 나쁜 이웃이다.

③ A good lawyer must be a great liar.
훌륭한 변호사는 위대한 거짓말쟁이어야 한다.

④ A lawyer and a cartwheel must be greased. (G)
변호사와 마차바퀴는 기름을 쳐야 한다.

⑤ Lawyers' houses are built on the heads of fools. (F)
변호사의 집은 바보들의 머리 위에 세워져 있다.

⑥ Lawyers and painters can soon change white to black.
변호사와 화가는 쉽게 흰 것을 검은 것으로 바꿀 수 있다 ; 귀에 걸면 귀고리, 코에 걸면 코고리.(이현령 비현령)

⑦ A peasant between two lawyers is like a fish between two cats. (Sp)
두 명의 변호사 사이의 농부는 두 마리의 고양이 사이의 고기와 같다.

⑧ If the laws could speak, they could first complain of lawyers.
법률이 말할 수 있다면 그들은 먼저 변호사를 불평할 것이다.

⑨ If there were no bad people, there would be no good lawyers.
만약 나쁜(악한) 사람이 없다면 훌륭한 변호사도 없을 것이다.

⑩ Judges should have two ears, both a like.
판사(재판관)는 양쪽 똑같이 듣는 두 귀를 가져야 한다.

⑪ A good judge conceives quickly, judges slowly.
훌륭한 판사는 빠르게 이해하고 천천히 판단(재판)한다.

⑫ He is no merchant who always gains. (Dut)
항상 이익을 보는 자가 상인이 아니다 ; 상인도 손해볼 때가 있다.

priest, preacher, prophet, poet

1. Parish priest forgets ever he was clerk.
   교구 목사는 그가 한때 교회 서기(집사)였다는 것을 잊는다 ; 개구리 올챙이적 생각 못한다.

2. A good example is the best sermon.*
   좋은 본보기는 가장 좋은 설교이다.

3. He preaches well that lives well. (Sp)
   잘 사는 사람은 설교(전도)를 잘한다.

4. Practise yourself what you preach. (Lat)
   그대가 설교한 것을 그대 자신이 실행하라.

5. It is easy preaching to the fasting with a full belly. (It)
   배부른(포만) 상태로 금식(단식)에 대해 설교하기는 쉽다.

6. A prophet has no honor in his own country.
   예언자는 향리(고향)에서 대우 못 받는다.

7. A poet is born, not made. (Lat)
   시인(詩人)은 타고난 것이지 만들어지지 않는다.

8. Painters and poets have liberty to lie.
   화가와 시인은 거짓말 할 자유가 있다.

9. The poet is the truest historian.
   시인은 가장 진실한 역사가(歷史家)이다.

10. True poets are the guardians of the state.
    참다운 시인은 그 나라의 보호자(수호자)이다.

11. To a poet even a rush may be vocal. (Turk)
    시인에게는 골풀(부들)도 속삭일 수 있다.

12. The true poem is the poet's mind. (Emerson)
    참다운 시(詩)는 시인의 마음(정신)이다.

*2. An ounce of practice is worth a pound of preaching.
한 온스의 실천(실행)은 한 파운드의 설교(설법)의 가치가 있다.

sailor, scholar, smith, soldier, trooper

① Sailors' fingers must be all fish hooks.
선원들의 손가락은 모두가 낚싯바늘임에 틀림없다.

② Sailors get money like horses and spend it like asses.
선원은 말(개)처럼 돈을 벌어서 나귀(바보)처럼 돈을 쓴다.

③ A mere scholar, a mere ass.
순수한 학자, 단순한 바보.

④ He can be ill master that never was scholar.
제자(문하생)가 아니었던 사람은 서툰 교사(대가/스승)가 될 것이다.

⑤ The greatest scholars are not the wisest men.* (Lat)
가장 위대한 학자가 가장 현명한 사람은 아니다.

⑥ The ink of the scholar is more sacred than the blood of the martyr. (Arab)
학자의 잉크는 순교자의 피보다 더 신성하다.

⑦ The smith and his penny are both black.
대장장이와 그의 잔돈은 모두 검다.

⑧ The smith's mare and the cobbler's wife are always the worst shod.
대장장이의 암말과 구두수선장이의 아내는 언제나 제일 나쁜 신을 신는다.

⑨ A beaten soldier fears a reed. (Jap)
패배한 병사는 갈대도 두려워 한다.

⑩ A young trooper should have an old horse.
젊은 기마병은 늙은 말을 타야 한다.

⑪ Obedience is the first duty of a soldier.
복종은 병사의 제일의 의무(조건)이다.

⑫ Soldiers in peace are like chimneys in summer.
평화시의 군인은 여름날 굴뚝과 같다.

* 5. The greatest scholars are not always the wisest men.

thief, translator, philosopher, volunteer

1. A thief thinks every man steals. (Dan)
   도둑은 모든 사람이 훔친다고 생각한다.

2. He is a thief indeed that robs a thief. (F)
   도둑의 것을 훔치는 자가 진짜 도둑이다.

3. The thief is frightened even by a mouse.
   도둑은 쥐소리에도 놀란다.

4. A thief knows a thief as a wolf knows a wolf.
   늑대가 늑대를 알아보듯이 도둑은 도둑을 알아본다.

5. Every tribe has its thief, every mountain its wolf. (Russ)
   모든 부족(종족)에 도둑이 있고, 모든 산에는 늑대가 있다.

6. Every rascal is not a thief, but every thief is a rascal. (Gk)
   모든 악당(불량배)이 도둑은 아니다. 그러나 모든 도둑은 악한이다.

7. We hang little thieves and take off our hats to great ones.* (G)
   우리들은 좀도둑은 처형하지만 큰도둑에게는 인사한다.

8. Look not at thieves eating flesh, but look at them suffering punishment. (Chin)
   고기를 먹고 있는 도둑을 쳐다보지 말고 벌받고 있는 도둑을 보라.

9. Translators - traitors. (Tradutori, traditori) (It)
   번역가는 반역자이다.

10. By all means marry ; if you get a good wife, you'll become happy ; if you get a bad one, you'll become a philosopher. (Socrates)
    어쨌든 결혼하라. 착한 아내를 얻으면 행복하고, 그렇지 못하면 철학자(哲人)가 될 것이다.

11. Many talk like philosophers and live like fools.
    많은 사람들이 철학자처럼 이야기하고 바보처럼 살아가고 있다.

12. One volunteer is worth two pressed men.
    한 명의 지원자는 두 명의 강요된 사람보다 낫다 ; 강제로 해야 하는 사람보다 자발적으로 하는 사람이 일을 더 잘한다.

*7. Little thieves are hanged, but great ones escape.

겨울 Winter

II. 천사 · 천국

angel, cross, church, temple

① All laws are broken to obtain a crown. (Sp)
모든 법률은 왕관을 얻기 위해 깨뜨러진다.

② Kind words are more than coronets.
친절한 말은 보관(寶冠) 이상이다 ; 사회적 신분보다 성격이 더 중요하다.

③ Uneasy lies the head that wears a crown.
왕관을 쓴 머리는 불안정하다 ; 지도자의 생활은 수월하거나 편안하지 않다.

④ Young saint, old devil.
젊은 성자(聖者), 늙은 악마.

⑤ Devils must be driven out with devil. (G)
악마는 악마로써 몰아내어야 한다.

⑥ The devil lurks behind the cross. (Sp)
악마는 십자가 뒤에 숨어 있다.

⑦ Give the devil his due.
악마에게 그의 보수(대가)를 주라 ; 비록 싫은(보잘 것 없는) 사람이라도 올바르게 평가하라(장점은 인정하라).

⑧ The devil dances in an empty pocket.*
악마는 빈 주머니 안에서 춤춘다.

⑨ The devil is good(kind) to his own.
악마는 그 자신에게는 착하다.

⑩ Better the devil you know than the devil you don't.
모르는 악마보다 아는 악마가 더 낫다 ; 이미 경험한 어떤 일보다 모르는 일이 겁이 난다.

⑪ Every man for himself, and the devil takes the hindmost.
각자 스스로를 위하라, 악마는 맨 나중 것을 취할 것이다 ; 먼저 자신을 돌보아라, 그러면 사람들은 자신의 것을 챙기리라. 각자도생(各自圖生)

*8. The devil finds work for idle hands.
악마는 게으른 자들의 일거리를 찾는다 ; 무위도식하는 자는 결국 잘못된 일을 한다.

crown, devil, god

⑫ God loves good accounts.*
신은 깨끗한 계산(셈)을 좋아한다.

* 12. God is a sure paymaster.
　　The mills of the gods grind slowly, but they grind exceedingly small(fine).
　　Heaven's vengeance is slow but sure.
　　하늘의 복수는 늦지만 틀림없다.

god

① God sends fortune to fools.
신은 바보에게 행운을 보낸다.

② Where there is peace, God is.
평화가 있는 곳에 신이 있다.

③ God is in an honest man's heart.
신은 정직한 사람의 마음속에 있다.

④ Man proposes, but God disposes. (Lat)
인간이 계획하나 신이 결정(처리)한다.

⑤ A mighty fortress is our God. (Luther)
우리의 신은 강력한 요새(城)이다.

⑥ God helps them who help themselves.*
신은 스스로 돕는 자를 돕는다.

⑦ God gives little folk small gifts. (Dan)
신은 작은 사람에게 작은 선물(재능)을 주신다.

⑧ All things are possible with God.
신과 함께하면 모든 것이 가능하다 ; 신의 도움으로 무엇이든지 할 수 있다.

⑨ God is father ; luck, a stepfather. (Yid)
신은 아버지지만, 행운은 계부(의붓아버지)이다.

⑩ Everyman for himself and God for us all.
모든 사람은 자신을 위하나, 신(神)은 우리 모두를 위한다.

⑪ The servant of God has a good master. (Pascal)
신의 하인은 좋은(훌륭한) 주인을 모시고 있다.

⑫ It was fear that first made gods in the world. (Lat)
이 세상에서 최초로 신을 창조한 것은 두려움(공포)이었다.

* 6. Heaven helps those who help themselves.
하늘은 스스로 돕는 자를 돕는다 ; 지성이면 감천(至誠而感天).

god, heaven, hell, paradise

① God loves a cheerful giver.
신은 기꺼이 물건을 주는 사람을 사랑한다.

② God has many names though he is only one being. (Gk)
비록 신은 오직 한 분이지만 여러 이름을 갖고 있다.

③ God does not smite with both hands.*
신은 양손으로 때리지 않는다.

④ Heaven is far, the world is near.
천국(하늘)은 멀리 있고 세상(땅)은 가까이에 있다.

⑤ Heaven still guards the right.*
하늘은 여전히 옳은 자를 옹호(보호)한다.

⑥ The way to heaven is alike in every place.
하늘로 가는 길은 어느 곳에서나 똑같다.

⑦ Heaven always favors good desires. (Sp)
하늘은 언제나 선한(유익한) 욕망을 두둔(편애)한다.

⑧ You can not serve God and Mammon. (N. Test)
그대는 신(神)과 재물(富)의 신(神)을 섬길 수 없다.

⑨ He who is in hell knows not what heaven is. (It)
지옥에 있는 자는 천국이 어떤 것인지 모른다.

⑩ No one can know the height of heaven without climbing mountains. (Chin)
아무도 산에 오르지 않고서는 하늘의 높이를 알 수 없다.

⑪ The road to hell is paved with good intentions.
지옥(멸망)으로 가는 길은 좋은 의도로 덮여 있다 ; 좋은 의도(목적)만으로는 충분치 않다. 실천이 중요하다.

⑫ One can not enter paradise in spite of the saints. (It)
사람은 성인(聖人)이 되었어도 천국에 들어갈 수 없다.

　* 3. God punishes with one hand and blesses with the other. (Yid)
　　　견딜 수 없을만큼 가혹한 운명은 없다.
　　　God sends men cold according to their cloth.
　　　신은 인간에게 그의 옷(능력, 성격)에 따라 추위(시련, 환경)를 보낸다.

　* 5. Heaven protects the just. (Gk)
　　　God defends the right. 신은 정의를 편든다.

겨울 Winter

Ⅲ. 학문·교육·여행

learning

① It's never too late to learn.*
배우는데는 너무 늦다는 법이 없다.

② Learning is the eye of the mind.
학문은 마음의 눈(중심)이다.

③ There is no royal road to learning.*
학문에는 왕도(王道) - 지름길 - 가 없다.

④ A man becomes learned by asking questions.*
사람은 질문을 함으로써 배우게 된다.

⑤ Much learning(science), much sorrow.
학문이 많을수록, 걱정(연민)이 많다 ; 식자우환(識者憂患).

⑥ If you love learning, you shall be learned. (Gk)
그대가 학문(學問)을 사랑하면 배워 박식하게 될 것이다.

⑦ A learned man has always wealth in himself. (Lat)
학식있는 사람은 언제나 그 자신안에 풍부함을 갖고 있다.

⑧ The love of money and the love of learning rarely meet.
돈과 학문에 대한 사랑은 결코 일치되지 않는다.

⑨ Preparation and repetition are the cornerstone of learning.
예습(예비)과 복습(반복)은 학문의 초석(礎石)이다.

⑩ Swallow your learning in the morning ; digest it in the evening.
아침에 그대의 학문을 삼켜라, 저녁에 그것을 소화하라.

* 1. Never too old to learn.
  배움에는 나이가 없다.
* 3. There is no Royal road to geometry. (Euclid)
* 4. He who is afraid of asking is ashamed of learning.
  질문을 두려워하는 자는 배움을 부끄러워한다 ; 불치하문(不恥下問). 배울때는 모르는 것을 솔직히 묻는 것이 중요하다.
  He does not ask anything knows nothing.
  묻지 않으면 알지 못한다.

education

⑪ Education makes the man.
교육은 인간을 만든다.

⑫ Only the educated are free. (Gk)
교육받은 자 만이 자유롭다.

education, idea, imagination, music

① The only really educated men are self-educated.*
진정으로 학식(교양)있는 자는 독학(獨學)자이다.

② Nature has always been stronger than education. (F)
천성(자연)은 언제나 교육보다 더 강하다.

③ The secret of education lies in respecting the pupil. (Emerson)
교육의 비결(비법)은 아이들(학생)을 존중하는데 있다.

④ It is only the ignorant who despise education. (Lat)
교육을 경시하는 자는 오직 무식한 자 뿐이다.

⑤ Too much and too little education hinders the mind. (F)
지나치게 많거나 지나치게 적은 교육은 정신을 방해한다.

⑥ The roots of education are bitter, but the fruit is sweet. (Gk)
교육의 뿌리는 쓰지만 그 열매는 달다.

⑦ A person may be educated beyond his intelligence.
사람은 그의 지능(知能) 이상으로 교육될 수 있다.

⑧ Education is an ornament in prosperity and refuge in adversity. (Gk)
교육은 번영시(時)에는 장식품이나 위기(역경)시엔 피난처이다.

⑨ By nature all men are alike but by education widely different. (Chin)
본래 모든 인간은 다 똑같다. 그러나 교육에 의해서 아주 달라진다.

⑩ Wise men possess ideas ; most of us are possessed by them.
현인은 사상(생각)을 지배(소유)하고 있지만, 범인(凡人)들은 그 사상(생각)에 홀리어 있다.

⑪ Imagination is more important than knowledge. (Einstein)
상상력은 지식보다 더 중요하다.

⑫ Music is the eye of the ear.
음악은 귀의 눈이다.

*1. Teaching others teaches yourself.
남을 가르치는 것은 스스로 배우는 것이다.

music, philosophy, law

① Music - the only universal tongue.
음악 - 유일한 세계어(世界語)이다.

② Music is the medicine of a troubled mind. (Lat)
음악은 괴로운 마음에 약(藥)이다.

③ A lamentable tune is sweet to a woeful mind.
슬픈 곡조(가락)는 슬픈(애처로운) 마음에 달콤하다.

④ Where there's music, there can't be mischief. (Sp)
음악이 있는 곳에 해독(해악)이 있을 수 없다.

⑤ Music has charms to soothe the savage breast.*
음악은 야만적인 마음을 진정(진무)시키는 매력이 있다.

⑥ Philosophy is the highest music. (Plato)
철학(哲學)은 가장 고상(高尙)한 음악(音樂)이다.

⑦ The true medicine of the mind is philosophy. (Lat)
정신의 참다운 약(藥)은 철학이다.

⑧ There are more things in heaven and eatrh than are dreamt of in your philosophy. (Shakes)
그대의 철학에서 꿈꾸었던 것보다 천상천하(하늘과 땅)에는 더 많은 것(경이)들이 있다.

⑨ Every law has a loophole.
법이 있으면 빠져나갈 구멍도 있다.

⑩ Mutual help is the law of nature.
상호협력은 자연의 법칙이다.

⑪ The more laws, the less justice.*
법률이 많을수록, 공정(正義)은 적다.

⑫ The safety of the people shall be the highest law. (Lat)
국민(대중)의 안전이 최상의 법률이다.

*5. Music has a power to appease even a wild beast.
노래(음악)는 맹수라도 달래는 힘이 있다.

*11. There are many laws in the putrefied society. (S. Johnson)
부정부패한 사회에 법률이 많다.

opinion, tax, religion

① Opinion rules the world.
여론(與論)이 세계를 지배한다.

② The ballot(vote) is stronger than the bullet.
투표는 총알보다 더 강하다.

③ No taxation without representation.
대표(代表)가 없으면 과세(課稅)도 없다.

④ Paying taxes is an obligation of citizenship.
납세는 시민의 의무이다.

⑤ Religion has no landmarks.
종교에는 국경(경계표)이 없다.

⑥ Religion is the opium of the people.* (Karl Marx)
종교는 국민의 아편이다.

⑦ Religion is in the heart, not in the knee.
종교는 무릎에 있지 않고 마음에 있다 ; 형식적인 의식에 있지 않고 실천(마음)에 있다.

⑧ Religion lies more in work than in talk.*
종교는 말하는데 있기보다 활동(행동)에 있다.

⑨ Religion is the elder sister of philosophy.
종교는 철학의 누나이다.

⑩ Religion is the mother of all civilization.
종교는 모든 문명(文明)의 모체이다.

⑪ What excellent fools religion makes of men! (B. Jonson)
종교는 사람을 얼마나 우수한 바보로 만드는가!

⑫ The religion of one age is the poetry of the next. (Emerson)
한 시대의 종교는 다음 세대(世代)의 시(詩)이다.

* 6. The religion of one seems madness of another.
　　　한 사람의 종교는 다른 사람의 광기(狂氣)처럼 보인다.
* 8. Religion lies more in walk than in talk.

religion, word

① Every religion is good that teaches man to be good. (Paine)
사람을 선하게 만드는 모든 종교는 이롭다.

② A man without religion is like a horse without bridle. (Lat)
종교(믿음)가 없는 사람은 굴레(고삐)없는 말과 같다.

③ Words bind men.
말은 사람을 구속한다.

④ A man's word is his honor. (Dan)
한 사람의 말은 그의 명예이다.

⑤ Great talkers are never great doers.*
호언장담가는 결코 큰 실천가가 아니다.

⑥ Smooth words make smooth ways.
부드러운(유창한) 말은 유연한 행위(방법)가 된다.

⑦ A kind word leads the cow into the stable.
친절한 말은 암소를 마굿간으로 끌어들인다.

⑧ Deeds are fruits, words are but leaves.*
행위(행동)는 열매지만 말은 잎사귀(잎)에 불과하다.

⑨ One honest word is better than two oaths. (Turk)
한 마디의 정직한 말은 두 마디의 맹세보다 낫다.

⑩ He who lightly assents will seldom keep his word. (Chin)
쉽게 승인(동의)하는 자는 그의 말(약속)을 잘 지키지 못한다.

⑪ Loyal words have the secret of healing grief.
충성스런 말은 슬픔을 치료하는 비결을 가지고 있다.

⑫ Sticks and stones may break my bones, but words will never hurt me.
회초리(막대기)와 돌은 나에게 상처를 입히지만, 말(꾸지람)은 나를 해치지 않는다 ; 나를 비웃는 것(조롱)은 해치지 않는다.

*5. Big words seldom go with good deeds. (Dan)
*8. Deeds, not words.
말(언약)보다 행위(실행)이다 ; 사람은 그가 하는 말보다 그가 하는 행위로 판단된다.

word, praise, curiosity

① Sincere words are not grand. (Chin)
성실한 말은 웅대(장엄)하지 않다.

② Words are the voice of the heart. (Chin)
말은 마음의 소리이다.

③ From words to deeds is a great space.*
말에서 행동까지는 큰 간격(거리)이 있다.

④ Take a man by his word, and a cow by her horn.
사람은 그의 말(言語)로 택하고, 소는 그의 뿔을 보고 택한다.

⑤ Self-praise is no recommendation.* (Lat)
자찬은 추천(장)이 아니다.

⑥ He who loves praise loves temptation.
칭찬을 사랑하는 자는 유혹을 사랑한다.

⑦ I praise loudly, I blame softly. (Russ)
큰소리로 칭찬하고, 부드럽게(조용히) 꾸짖어라.

⑧ Every peddler(pedlar) praises his own wares(needles).* (Sp)
모든 행상인은 그 자신의 상품(바늘)을 자랑한다.

⑨ Praise makes good men better and bad men worse.
칭찬은 착한 사람을 더 좋게 만들고 나쁜 사람을 더 나쁘게 만든다.

⑩ Praise the child, and you make love to the mother.
아이를 칭찬하라, 그러면 그대는 그 어미를 사랑하게 된다.

⑪ Too much curiosity lost paradise.
지나치게 많은 호기심이 천국을 잃게 한다.

⑫ He who peeps through a hole may see what will vex him.
구멍으로 엿보는 자는 자신을 괴롭히는 것을 보게 될지 모른다.

* 3. It's a long step from saying to doing. (Sp)
* 5. Self-praise is no praise.
* 8. Everyman praises his own wares.

choice, despair, disease, illness, sickness

① There is small choice in rotten apples. (Sp)
썩은 사과중에서는 선택의 여지가 없다.

② He that comes first to the hill, may sit where he will.*
언덕에 먼저 온 자(者)는 그가 앉고 싶은 곳에 앉을 수 있다.

③ Despair defies even despotism.
절망은 전제정치(독재)까지 거부한다.

④ Despair doubles our strength. (F)
절망은 우리의 힘을 두 배로 한다.

⑤ Despair gives courage to a coward. (Plutarch)
절망은 겁쟁이에게 용기를 준다 ; 희망이 전혀 없을 때, 겁쟁이에게는 잃을 것이 없다.

⑥ Despair and confidence both banish fear.
절망과 자신(自信) 둘다 공포를 추방시킨다.

⑦ Sickness is catching.*
병(病)은 전염된다.

⑧ Sickness soaks the purse.
병은 지갑(주머니)을 빨아들인다.

⑨ Feed a cold and starve a fever.
감기엔 먹고 열에는 굶어라.

⑩ He dies first who has never been ill.
결코 한번도 앓지 않은 자가 제일 먼저 죽는다.

⑪ Diseases are the tax on health.*
병은 건강에 대한 세금이다.

⑫ The remedy may be worse than the disease.
치료는 병보다 더 나쁠 수 있다 ; 서둘러 고치려다가 더 나쁘게 할 수도 있다.

* 2. First come, first served.
　　선착자 우선.
* 7. Yawning is catching.
　　하품은 전염된다(따라하게 된다).
* 11. Diseases are the price of ill pleasures.
　　병은 나쁜 쾌락에 대한 대가이다.

disease, evil, fear

① The beginning of health is to know the disease.* (Sp)
건강의 시작은 병을 아는 것이다.

② Desperate diseases call for desperate remedies.
중병은 극단적(필사적)인 치료를 요구(필요)한다 ; 필사적인 결단이 문제를 해결할 수 있다.

③ Evil got, evil spent.
악하게 얻은 것은 나쁘게 써버린다.

④ Evil is soon learned.*
악한 것(不善)은 쉽게 배워진다.

⑤ Evil conduct is the root of misery. (Chin)
악행은 비참(불행)의 근원이다.

⑥ An idle person is the devil's playfellow.* (Arab)
게으른 사람은 악마의 놀이 친구이다.

⑦ Fear is stronger than love.
두려움은 사랑보다 더 강하다.

⑧ Fear has a quick ear.
두려움은 예민한 귀를 가지고 있다.

⑨ Foolish fear doubles danger.
어리석은 두려움(무모한 근심)은 위험을 두 배로 한다.

⑩ Fear not tomorrow's mischance. (Turk)
내일의 불운(불행)을 걱정하지 마라.

⑪ Fear is the offspring of ignorance.*
두려움은 무지(無知, 無識)함의 자식(자손)이다.

⑫ Fear is the parent of cruelty.
두려움은 잔인함(잔학)의 어버이(근원)이다.

* 1. A disease known is half cured.
   알려진(소문난) 병은 반쯤 치료된다.
* 4. An evil lesson is soon learned.
* 6. Sloth is the devil's pillow.
   게으름(나태)은 악마의 베개다.
* 11. Fear always springs from ignorance. (Emerson)
   두려움은 무지에서 나온다.

fear, idleness, laziness, misfortune, adversity

① Fear is the beginning of wisdom. (Sp)
  두려움(공포)은 지혜의 시작이다 ; 지혜는 두려움(신중, 삼가함)에서 부터.

② Fear is the father of courage and the mother of safety.*
  두려움(공포)은 용기의 아버지이며 안전(安全)의 어머니다.

③ An idle youth, a needy age.
  게으른 젊은이, 가난한 늙은이 ; 젊어서 게으르면 늙어서 고생한다.

④ Idleness is the mother of poverty.
  게으름(무위)은 가난의 모체(母體)이다.

⑤ Idleness is the root of all evil.*
  게으름(태만)은 모든 악의 으뜸(근원)이다.

⑥ To the lazy everyday is a holiday. (Turk)
  게으른 자에게는 매일이 휴일이다.

⑦ All things are easy to industry ; all things difficult to sloth.
  근면(근면한자)에겐 모든 것이 쉽지만, 게으름(나태자)에겐 모든 것(萬事)이 어렵다.

⑧ Laziness travels so slowly that poverty soon overtakes him.
  게으름은 너무 천천히 여행하므로 가난이 곧 그를 따라 잡는다.

⑨ Misfortune makes foes of friends.*
  불행은 적을 친구로 만든다.

⑩ In prosperity, think of adversity.
  번영시에 역경을 생각하라 ; 거안사위(居安思危).

⑪ Misfortune generally arise from within.
  불행은 일반적으로 내부(안)로부터 생긴다.

⑫ Misfortunes never come alone.*
  불행은 결코 혼자 오지 않는다 ; 화불단행(禍不單行).

* 2. Courage is often caused by fear. (F)
  용기는 종종 두려움에 의해서 생긴다.
* 5. Idleness is the root of all mischief.
* 9. Every advantage has its disadvantage.
  모든 강점(有利)은 불리함(손실)을 갖고 있다 ; 일득일실(一得一失).
* 12. Misfortunes never come singly.
  Hardships seldom come alone.

adversity, misfortune

① Adversity is the trial of courage. (F)
역경은 용기(勇氣)의 시험이다.

② Adversity makes a man wise, not rich.
역경은 사람을 현명하게 하지만 부유하겐 하지 못한다.

③ Adversity reminds men of religion.
역경은 인간에게 종교(신앙)를 갖게 한다.

④ In adversity a man is saved by hope.
불행할 때 인간은 희망에 의해서 구원된다.

⑤ There is no education like adversity.*
역경(불운)같은 교육도 없다.

⑥ Adversity is the touchstone of friendship.* (F)
역경(逆境)은 우정(友情)의 시금석(표준)이다.

⑦ Misfortunes come on wings and depart on foot.
불행은 날개로 날아와서 걸어서 떠난다.

⑧ Every misfortune is to be subduced by patience.*
모든 불행은 인내심에 의해서 진압(극복)될 것이다.

⑨ Adversities will make a jewel of you.
역경(불행)은 그대를 보배(보석같은 존재)로 만들 것이다 ; 초년 고생은 금을 주고 사서도 한다.

⑩ Every day has its night, every weal its woe.*
모든 날은 그날의 밤이 있고, 모든 기쁨은 이의 비애(슬픔)가 있다.

⑪ He who can not bear misfortune is truly unfortunate.* (Gk)
불행을 견딜 수 없는 자는 진실로(참으로) 불행하다.

⑫ By speaking of our misfortunes we often relieve them. (F)
우리들은 불행을 이야기함으로써 종종 그 불행을 달랜다.

* 5. Sweet are the uses of adversity.
역경의 활용은 달다 ; 역경의 공덕(이로움)은 매우 크다.
Adversity is the parent of virtue. 역경은 미덕의 양친.
* 6. Prosperity makes friends, adversity tries them.
* 8. Adversity successfully overcome is the greatest virtue.
성공적으로 극복된 역경은 위대한 덕이다.
* 10. Adversity often leads to prosperity. 역경은 종종 번영으로 이끈다.
Misery is but the shadow of happiness. Happiness is but the cloak of misery.
불행은 행복의 그림자에 불과하며, 행복은 다만 불행의 외투이다. (Lao-Tize)
* 11. He who can not bear misfortune, is not worthy of good fortune. (F)

adversity, failure, misery, difficulty, trouble

① Gold is tried by fire, brave men by adversity. (Seneca)
황금은 불(火)에 의해서, 용자(勇者)는 역경에 의해서 시험된다.

② Many can bear adversity but few contempt.
많은 사람은 역경에는 견디나 조그마한 경멸(멸시)에는 참지 못한다.

③ Prosperity makes friends, adversity tries them.*
번영은 친구를 만들고 역경은 그들을 시험한다.

④ Failure teaches success.
실패는 성공을 가르친다.

⑤ He who never fails will never grow rich.
실패하지 않은 자는 결코 부유하게 되지 않는다.

⑥ Misery loves company.
불행(고통)은 친구를 사랑한다 ; 동병상련(同病相憐).

⑦ Difficulty is the daughter of idleness.
어려움(곤란)은 게으름의 딸이다.

⑧ The best things are most difficult. (Gk)
가장 좋은 것들은 아주 어렵다.

⑨ Don't meet trouble halfway.
곤란(불편, 분쟁)을 도중에(반쯤) 만나지 마라 ; 어떤 일이 일어나기 전에 쓸데없는 걱정을 하지 마라.

⑩ All things are difficult before they are easy.*
만사(萬事)는 그들이 쉬워지기 전에 어려웠다.

⑪ The greater the difficulty, the greater the glory. (Lat)
어려움이 크면 클수록 영광(성공)은 더 크다.

⑫ He who accounts all things easy will have many difficulties. (Chin)
만사를 쉽게 생각하는 자는 많은 어려움이 있을 것이다.

* 3. Adversity makes men, but prosperity makes monster.
  역경은 사람을 만들고, 번영(안락)은 악마(괴물)를 만든다.
  In the day of prosperity be joyful, but in the day of adversity consider.
  만사 형통할 때 기뻐하고 곤경에 처했을 땐 생각하라.

* 10. What is difficult is done at once : the impossible takes a little longer.
  어려운 일은 곧 이루어지고, 불가능한 일은 조금 오래 걸린다 ; 불가능한 일은 없다.
  (Nothing is impossible.)

poverty

① Poverty breeds strife.
가난은 투쟁(싸움)을 낳는다.

② Little goods, little cares.
작은 물건(재산)에 작은 고민(걱정).

③ Poverty and sloth are brothers.* (Yid)
가난과 게으름은 형제간이다.

④ Poverty is a hateful blessing.* (Lat)
가난은 싫은 축복이다.

⑤ Poverty - the mother of crime.* (Lat)
가난 - 범죄의 모태이다.

⑥ Poverty is the mother of all the arts.*
가난은 모든 예술(재주)의 어머니이다.

⑦ Poverty - the mother of temperance. (Gk)
가난 - 절제(극기)의 어머니(근원)이다.

⑧ Poverty is not vice - but an inconvenience.
가난은 악(惡)이 아니다. 단지 불편한 것이다.

⑨ It is easier to praise poverty than to bear it.
가난을 참고 견디기보다 가난을 칭찬하는 것이 더 쉽다.

⑩ Poverty is in want of much, avarice, of everything.
가난은 많은 것이 부족하나 탐욕은 모든 것이 부족하다.

⑪ It is better to endure poverty than the arrogance of the rich. (Gk)
부자의 거만(오만)함보다 가난을 견디는 것이 더 낫다.

⑫ Riches come better after poverty than poverty after riches.
부유함 뒤에 가난이 오는 것보다 가난 뒤에 부유함이 더 낫다.

* 3. Poverty is the daughter of laziness. (G)
* 4. Poverty is a blessing in disguise.
  가난은 변장(가면)된 축복이다.
* 5. Poverty often engenders crime.
  가난(빈곤)은 종종 범죄를 낳는다.
* 6. Poverty is the mother of all the trades.

poverty, procrastination, indecision, temptation, travel

① Poverty makes strange bed fellows.
가난은 낯선 잠자리 친구를 사귄다.

② When poverty comes in at the doors, love leaps out at the windows.
가난이 문으로 들어오면 사랑은 창문으로 뛰어나간다.

③ Procrastination is the thief of time. (Young)
우물쭈물함(망설임)은 시간의 도둑이다 ; 해야할 일은 바로 하라. 지연시키는 것은 시간낭비다.

④ The god hate those who hesitate. (Gk)
신(神)은 망설이는 자를 싫어한다.

⑤ Through indecision opportunity is often lost.* (Lat)
우유부단(優柔不斷)으로 종종 기회를 잃는다.

⑥ He who considers too much will perform little. (G)
너무나 많이 생각하는 사람은 거의 이행(실행)하지 못할 것이다.

⑦ Never put off till tomorrow what can be done today.
오늘 할 수 있는 일을 내일까지 미루지 마라.

⑧ An open box tempts an honest men.* (Dut)
열린 상자는 정직한 자도 유혹한다.

⑨ He who avoids the temptation avoids the sin. (Sp)
유혹을 피하는 자는 죄(罪)도 피한다.

⑩ I can resist everything except temptation. (O. Wilde)
나는 유혹을 제외하고 모든 것을 물리칠 수 있다.

⑪ Travel teaches toleration.
여행은 관용(포용력)을 가르친다.

⑫ On a long journey even a straw is heavy. (It)
긴 여행에서는 지푸라기 하나도 무겁다.

* 5. He who hesitates is lost.
망설이는 자는 좋은 기회를 잃는다.

* 8. An open door may tempt a saint.

travel, variety, vice

1. He who travels much knows much.
   많은 곳을 여행한 자는 많은 것을 안다.

2. A fool wanders ; the wise man travels.
   바보는 방랑하지만 현자는 여행한다.

3. A traveler may lie with authority.
   여행자는 권위를 갖고 거짓말을 할 수 있다.

4. Travel makes a wise man better, but a fool worse.
   여행은, 현자는 더 현명하게, 바보는 더 멍청하게 한다.

5. A wise traveler never despises his own country. (It)
   현명한 여행자는 그 자신의 조국(나라)을 경멸하지 않는다.

6. A gentleman ought to travel abroad, but dwell at home.
   신사(군자)는 해외(외국)로 여행하지만 고국(故國)에서 산다.

7. He who never leaves his country is full of prejudices. (It)
   자신의 나라를 떠나지 않은 자는 편견(선입관)으로 가득차 있다.

8. It is better to travel hopefully than to arrive.
   도착하기보다 희망(바람)을 갖고 여행하는 것이 더 낫다 ; 어떤 목표를 향해 일하고 있을 때는 일자체(과정)가 완성보다 더 보람(보상)이 있다.

9. Variety creates an appetite.
   다양함은 욕구(흥미)를 자아낸다.

10. Variety is the spice of life.
    다양성은 인생의 양념(취미)이다.

11. Variety is the mother of enjoyment.*
    다양성은 향락의 모체(으뜸)이다.

12. One vice begets another.
    하나의 악덕(非行)은 또 다른 악덕을 낳는다.

* 11. Variety is the soul of pleasure.

vice, thought, song, laugh, leisure

1. Vices are learned without a master.
   악덕은 선생없이도 배워진다.

2. Search others for their virtues, yourself for your vices.
   다른 사람에게서 그들의 미덕(장점)을 찾고, 자신에게서 그대의 악덕(非行)을 찾아라.

3. Thought is free.
   사상(생각)은 자유롭다.

4. I think, therefore I am. (R. Descartes)
   나는 생각한다, 고로 나는 존재한다.

5. To think is to converse with oneself.
   생각하는 것은 자신과의 대화이다.

6. The best ideas are common property. (Seneca)
   최상의 사상(사고)은 공동의 재산이다.

7. He who considers too much will perform little. (Schiller)
   지나치게 숙고하는 자는 거의 실천하지 못한다.

8. It is too difficult to think nobly when one only thinks to get a living. (J. Rousseau)
   사람이 살아갈 궁리만 생각하면 고상한 생각은 하기 어렵다.

9. Thought is the labor of the intellect, reverie is its pleasure. (Victor Hugo)
   사색은 지성인의 노고, 몽상(공상)은 지성인의 즐거움(쾌락).

10. Eloquence the soul, song charms sense. (Milton)
    웅변은 심령을, 노래는 감정을 달랜다.

11. Laugh and the world laughs with you.
    웃으라, 그러면 세상 사람들이 함께 웃으리라 ; 사람들은 유쾌한 사람과 기쁨(웃음)을 나누고 싶어하고 슬픈 자는 피하려 한다.

12. Idle people have the least leisure.
    게으른 사람이 가장 적게 여가(한가로움)를 갖는다 ; 언제나 쉬는 자는 여가 시간의 기쁨을 모른다.

속담의 동의어

proverb : 속담, 금언.
A short, wise and usually traditional saying that express a truth.
(간결하고 현명한, 흔히 진리를 표현하는 전통적인 말.)

adage : 금언, 격언, 속담.
aphorism : 경구, 잠언, 격언(格言).
apothegm : 경구(警句), 격언.
admonition : 훈계, 설유(說諭), 경고.
axiom : 격언, 원리, 공리(公理).
byword : 속담, 웃음거리.
dictum : 격언, 금언, 의견(전문가).
epigram : 경구(간결하고 날카로운), 풍자시, 촌철시(寸鐵詩).
gnome : 격언, 금언.
maxim : 격언, 금언, 처세법.

motto : 좌우명(座右銘), 표어, 금언, (책의)제구(題句).
mot : 경구(警句), 명언.
precept : 격언, 교훈, 훈시, 계율.
quip : 경구, 재치있는 말, 신랄한 말.
rede : 속담, 해석, 충고, 계획.
saying : 말, 인사, 속담.
saw : 속담, 격언.
wise crack : 경구.
wisdom : 금언, 명언, 현명, 지혜.

용어(term) 풀이

속담(俗談) : 예로부터 전해 내려와 사람들의 마음속에 깊은 동감(同感)을 얻고, 널리 퍼진 격언.
격언(格言) : 사람의 오랜 역사적 생활체험에서 이루어진 인생에 대한 교훈과 경계 따위를 간결하게 표현한 짧은 말.
경구(警句) : Witty remark) : 뛰어난 착상을 정확, 간결하게 표현한 구. 도덕적 예술적 진리를 간결하고도 날카롭게 표현한 문구.
금언(金言) : ①생활의 지표로 할 귀중한 내용을 가진 격언. ②귀중한 격언(Proverb). ③法語(부처).
명언(名言) : 이치에 맞게 썩 잘한 말(Wise saying).
이언(俚諺) : ①항간에 퍼져 있는 속담 가운데서 사물의 형용과 비유에 쓰이는 형상적인 말(Proverb). ②항간의 속된 말(Slang).
잠언(箴言, admonition) : 가르쳐서 훈계가 되는 깨우침 말. 경계하는 말.
좌우명(座右銘, motto) : 늘 자리 옆에 갖추어 두고 아침 저녁으로 반성하는 격언.
처세훈(處世訓, Rule of conduct in life) : 세상에서 살아가는데 필요한 교훈.

각국의 약자 표기

(Afr)	–	African	–	(아프리카)
(Am)	–	American (Negro)	–	(미국, 흑인)
(Apocry)	–	Apocrypha	–	(경외성서)
(Arab)	–	Arabian	–	(아라비안)
(Chin)	–	Chinese	–	(중국)
(Dan)	–	Danish	–	(덴마크)
(Dut)	–	Dutch	–	(네덜란드)
(E)	–	English	–	(영어)
(F)	–	French	–	(불어)
(G)	–	German	–	(독어)
(Gk)	–	Greek	–	(그리스)
(Heb)	–	Hebrew	–	(헤브루〈유태인〉)
(It)	–	Italian	–	(이태리)
(Jap)	–	Japanese	–	(일본)
(K)	–	Korean	–	(한국)
(Lat)	–	Latin	–	(라틴말, 고대 로마어)
(N. Test)	–	New Testment	–	(신약성서)
(Norw)	–	Norwegian	–	(노르웨이)
(O. Test)	–	Old Testment	–	(구약성서)
(Pers)	–	Persian	–	(페르샤〈이란〉)
(Pol)	–	Polish	–	(폴란드)
(Port)	–	Portuguese	–	(포르투갈)
(Roum)	–	Roumanian · Rumanian	–	(루마니아)
(Russ)	–	Russian	–	(러시아)
(Sp)	–	Spanish	–	(스페인)
(Scot)	–	Scottish	–	(스코틀랜드)
(Turk)	–	Turkish	–	(터키)
(Yid)	–	Yiddish	–	(이디시 말 ; 독어+헤브라이어+슬라브 말이 섞인 말)

색인 Alphabetical order index

a acorn, adventure, adversity, advice, affection, aim, ambition, anger, apple, arrow, artist, aspiration, ass, avarice.

b back, barber, bean, bear, beard, beauty, bed, bee, beggar, belly, beetle, bird, birth, blindman, blood, boar, body, boldness, bone, book, bough, boy, brain, branch, bravery, bread, breath, briar, bride, bridge, brook, broom, broth, brother, bud, bull, business, butter, butterfly.

c cake, calf, camel, candle, card, carpenter, castle, cat, chance, character, charity, chasitity, cherry, cheese, chicken, child, children, choice, civility, coat, cobbler, cock, cockroach, colt, confidence, conscience, cook, corn, cosmopolitan, counsel, courtesy, courage, cow, crab, critic, crow, crown, cry, cuckoo, curiosity.

d daughter, death, desire, despair, destiny, determination, devil, diamond, dice, difficulty, diligence, dinner, discreation, disease, dish, doctor, dog, dove, dream, drink, duty.

e eagle, ear, education, eel, effort, egg, elephant, end, endurance, enemy, enthusiasm, evil, experience, expert, eye.

f face, failure, faith, fame, familiarity, fare, fate, father, fear, feast, fidelity, field, finger, fire, fish, fishing, flea, flower, fly, folk, fool, foot, forehead, foreigner, fortune, fox, freedom, friend, friendship, fruit, future.

g garden, garment, gate, genius, gentleman, girl, glory, god, gold, goodness, goose, grandfather, grape, grass, greed, grief.

h hair, hand, happiness, hare, haste, hate, hatred, hawk, hay, head, health, heart, heaven, heel, hell, help, hen, hero, hill, hog, home, honey, honesty, honor, hook, hope, horse, house, hunger, husband, hypocrite.

i idea, idleness, ignorance, illness, imagination, imitation, indecision, industry, inspiration, intention.

j Jack, jam, joy, judge, judgment, justice.

k keeper, key, kindness, kindred, king, kinsfolk, kiss, kitchen, knife, knowledge.

l labor, laborer, ladder, lamb, lane, lapwing, lark, lass, laugh, law, lawyer, laziness, legs, learning, leisure, leopard, letter, liar, liberty, life, lion, liquor, loneliness, lord, louse, love, luck, lust.

m magpie, maid, maiden, man, manners, marriage, master, meal, meat, merchant, milk, mind, mirror, mirth, misery, misfortune, moderation, money, monkey, moon, moss, mother, mother-in-law, mountain, mouse, mouth, music.

n name, nature, needle, neighbor, nose, nurse, nut.

o oak, offence, oldman, opinion, opportunity, ostrich, owl, ox.

p paradise, parents, passion, patience, pea, peace, peacock, pearl, pen, penny, people, pepper, perseverance, perspiration, pheasant, philosopher, philosophy, physician, pie, pig, pine, pitcher, pity, pleasure, poet, politeness, pomegranate, poorman, pot, pound, poverty, power, practice, praise, prayer, preacher, preparation, pride, priest, prince, procrastination, prophet, pudding, purpose, purse.

q quill.

r rat, raven, reed, religion, relative, resolution, riches, rich man, road, rose.

s sadness, sailor, scholar, self-trust, sheep, shop, sickness, silence, silver, sincerity, skin, smith, solitude, son, song, sorrow, soul, sparrow, spirit, star, stepmother, stomach, straw, sublime, success, sun, surgeon, swallow, swan, sword, sympathy.

t taste, tale, tea, tears, temperance, temptation, tiger, time, thief, thistle, thought, toil, tooth, tomorrow, tongue, tortoise, torture, translator, travel, tree, trouble, trout, truth, trust, twig.

u understanding.

v valor, venture, vice, vinegar, virtue, volunteer.

w war, wasp, waste, wealth, weed, whale, widow, wife, wildgeese, will, wine, wink, wiseman, wisdom, wish, wit, wolf, woman, wood, word, work, world, worm, wrath, wren.

y youngman, youth.

봄 · 여름 · 가을 · 겨울
휴대용

세계의 영어 속담

2010년 1월 20일 발행

편저자 · JINN HWANG
발행인 · 우 제 군
발행처 · 예성출판사
주　소 · 서울특별시 중구 을지로6가 18-55
전　화 · 02) 2267-8739 · 2272-9646 · 2266-9153
팩　스 · 02) 2269-3393
등　록 · 제2-213, 1979. 11. 22

값 5,000원

ISBN 978-89-7388-155-0
* 이 책의 내용을 무단으로 복사 및 전재할 수 없습니다.
* 저자와의 합의하에 인지 생략합니다.